Vladir

CW00458439

Biografía del Pr..... Ministro de la Unión Soviética; una revolución marxista contra el Estado occidental, el imperialismo y el capitalismo

Por United Library

https://campsite.bio/unitedlibrary

Índice

Introducción

Vladimir Lenin fue un líder revolucionario que participó en la revolución marxista contra los Estados occidentales, el imperialismo y el capitalismo.

Esta biografía cuenta la historia de su ascenso a Primer Ministro de la Unión Soviética y examina cómo sus ideas marcaron la historia. Analiza su vida antes de tomar el poder, sus errores durante la revolución y la guerra civil, así como algunos de los éxitos que logró mientras dirigía Rusia en uno de sus periodos más tumultuosos.

La biografía de Vladimir Lenin detalla cómo dirigió la revolución marxista contra el Estado occidental, el imperialismo y el capitalismo. Abarcando temas que van desde la reforma social a la política económica, este libro presenta un cautivador retrato de uno de los líderes más influyentes de la historia.

Desde sus escritos políticos hasta sus discursos, este libro ofrece una visión en profundidad de lo que impulsó a Lenin y por qué tuvo tanto éxito a la hora de cambiar la faz de Rusia durante décadas. Con relatos detallados sobre la obra de su vida, traza un vívido retrato de la búsqueda de poder y progreso de un hombre que ha marcado la historia moderna hasta nuestros días.

Vladimir Lenin

Vladimir Ilyich Ulyanov desde 1901, fue un revolucionario comunista, teórico político y estadista ruso, nacido el 10 de abril de 1870 (22 de abril de 1870 en el calendario gregoriano) en Simbirsk (actual Ulyanovsk) y fallecido el 21 de enero de 1924 en Vishnie Gorky (actual Gorky Leninskie).

[e]A finales del siglo XIX se afilió al Partido Obrero Socialdemócrata Ruso, sección rusa de la II Internacional, y en 1903 provocó una escisión en el Partido Ruso y se convirtió en uno de los principales líderes de la corriente bolchevique. Autor de una importante obra escrita de inspiración marxista, se distingue por sus concepciones políticas que hacen del partido el motor de la lucha de clases y de la dictadura del proletariado.

En 1917, tras la caída del zarismo, los bolcheviques tomaron el poder en Rusia durante la Revolución de Octubre. La toma del poder por Lenin dio origen a la Rusia soviética, el primer régimen comunista de la historia, en torno al cual se formó más tarde la Unión de Repúblicas Socialistas Soviéticas (URSS). Lenin y los bolcheviques consiguieron asegurar la supervivencia de su régimen, a pesar de su aislamiento internacional y de un contexto de guerra civil. Con la ambición de extender la revolución al resto del mundo, Lenin fundó la Internacional Comunista en 1919: provocó una escisión mundial en la familia política socialista y el nacimiento del movimiento comunista como corriente independiente, lo que contribuyó a convertirlo en una de las figuras más importantes de la historia contemporánea. También estableció el partido único en la URSS.

En marzo de 1923, Lenin fue apartado definitivamente del juego político por enfermedad; murió a principios del año siguiente. Se presentaron dos sucesores: José Stalin y León Trotsky. Lenin no quería que gobernara el primero y prefería a Trotski, pero Stalin acabó ganando la rivalidad. Tras su muerte, las ideas de Lenin se sintetizaron en un corpus doctrinal, denominado leninismo, que luego dio lugar al marxismo-leninismo, la ideología oficial de la URSS y de todos los regímenes comunistas durante el siglo XXe .

La continuidad política entre Lenin y Stalin es objeto de debate; algunos autores han señalado que la filosofía política y la práctica del poder de Lenin contendrían elementos clave de la dictadura en el sentido moderno del término, o incluso del totalitarismo" mientras que otros apoyan la idea de una ruptura entre las prácticas de ambos líderes" . A nivel internacional, algunos historiadores lo comparan a veces con Oliver Cromwell y Maximiliano de Robespierre, ya que se les considera los principales autores de regicidios, al tiempo que, posteriormente, fueron responsables de prácticas represivas y experimentos dictatoriales o incluso proto-

totalitarios alejados de los ideales de libertad exhibidos
durante las revoluciones llevadas a cabo″″ .

Orígenes y familia

Según *Le Robert des noms propres*, el nombre de **Lenin** procede del nombre de un río siberiano, el **Lena** (en ruso: **Лена**), cuyo origen está en un dialecto tungus: *yelyuyon* "río".

Vladimir Ulianov nació en Simbirsk en 1870, donde su familia se había instalado unos meses antes. Creció en un entorno intelectual y socialmente privilegiado.

Tanto Ilya Ulyanov (1831-1886) como su esposa Maria Ulyanova, de soltera Blank (1835-1916) tienen orígenes diversos, aunque sigue habiendo cierta incertidumbre en cuanto a su ascendencia, sobre todo por parte de Ilya. El padre de Ilya, Nikolai, descendía de una familia de campesinos de Astracán: sus antepasados parecen haberse llamado *Ulyanin* antes de que se adoptara el apellido *Ulyanov*. La familia probablemente tenía raíces en la región de Nizhni Nóvgorod. Si los Ulianov se consideraban étnicamente rusos, en Nizhni Nóvgorod había una gran mezcla de poblaciones y es probable que la familia tuviera raíces chuvash o mordvin. El origen étnico de la abuela paterna de Lenin es incierto. La hermana de Lenin, María, estaba convencida de que la familia de su padre tenía sangre tártara, ya que su abuela podría haber sido kalmyk o kirguisa. El abuelo de Maria Ulianova, Moshe Blank, era un comerciante judío de Volhynia. Los orígenes judíos de la familia materna de

Lenin fueron ocultados durante mucho tiempo por las autoridades de la URSS; en su lugar, los escritores nacionalistas rusos atribuyeron una importancia primordial a estos orígenes, aunque la familia Blank había rechazado por completo el judaísmo. Moshe Blank había roto con la comunidad judía tras una serie de conflictos personales y había adoptado virulentas posiciones antijudías. Sus dos hijos se convirtieron al cristianismo ortodoxo y eligieron carreras de medicina, alcanzando posiciones sociales envidiables. La conversión a la ortodoxia permitió a Alexander Blank, padre de María, entrar tanto en la facultad de Medicina como en la alta administración. Alexander se había casado con una mujer de origen alemán y sueco, de fe luterana. Fue médico de policía, luego médico de hospital y, en 1847, al ser nombrado inspector de hospitales de la región de Zlatooust, recibió el título de consejero de estado efectivo (ru), que confería nobleza hereditaria según la tabla de rangos".

El abuelo de Ilya Nikolayevich Ulyanov, Vasily, era siervo, liberado mucho antes de las reformas de 1861. El padre de Ilya trabajaba como sastre en Astracán, e Ilya estudió matemáticas; se graduó en 1854 y consiguió su primer trabajo como profesor en Penza. Allí conoció a Maria Alexandrovna Blank, con quien se casó en agosto de 1863. Muy implicado en el desarrollo de la educación en el Imperio Ruso, Ilia llegó a ser inspector escolar. Nombrado inspector jefe de Simbirsk, se convirtió rápidamente en una celebridad local. La pareja tuvo un total de ocho hijos: Anna, nacida en 1864, y Alexander, nacido en 1866, precedieron a Vladimir, que nació en 1870. Después de Vladimir vinieron Olga (1871), Dmitri (1874) y Maria (1878). Otros dos hijos de los Ulianov murieron en la infancia: una niña -también llamada Olga (1868)- y un niño llamado Nikolai (1873).

Juventud y escolarización

Vladimir Ulyanov fue bautizado en la Iglesia Ortodoxa Rusa. María Uliánova se ocupaba del hogar y de los niños, mientras su marido desarrollaba una notable carrera en la educación: en julio de 1874, Iliá Uliánov fue ascendido a Director de Educación Popular del gobierno de Simbirsk, lo que le valió ser nombrado caballero por el zar Alejandro II y recibir el título de Consejero de Estado.

Los hijos de Ulianov crecieron en condiciones privilegiadas y armoniosas. Durante su escolarización, se beneficiaron del prestigio de su padre. Los Ulianov, leales súbditos del zar, también estaban comprometidos con las ideas liberales y progresistas en la educación. Maria Ulyanova educó a sus hijos en la tradición luterana de tolerancia y apertura. Ilya Ulyanov trabajó para contribuir al movimiento reformista del imperio: en la provincia de Simbirsk, abrió escuelas para poblaciones no rusas en las que se enseñaba a los niños de las minorías en su lengua materna . El futuro Lenin se convirtió en noble, por herencia, a la edad de 6 años.

Vladimir -conocido como "Volodia"- Ulianov era un estudiante brillante. Recibió una educación clásica y estudió francés, alemán, ruso, latín y griego antiguo. En el instituto, su director era Feodor Kerensky, padre de su futuro oponente político Alexander Kerensky.

Contexto político de la Rusia de la época

El Imperio ruso, en el que crecieron los niños Ulianov, se diferenciaba de la mayoría de las monarquías europeas de la época en que mantenía un régimen político autocrático, en el que la dinastía Romanov seguía gobernando según el principio del derecho divino. La segunda mitad del siglo XIXe estuvo marcada por varias décadas de sufrimiento social y crisis política, que fueron poniendo a parte del pueblo ruso en contra de la monarquía. La sociedad rusa, aún esencialmente agrícola, carecía en gran medida de cultura democrática. Tras el fracaso de Rusia en la guerra de Crimea, y consciente de la necesidad de modernizar las estructuras sociales y políticas, el nuevo zar, Alejandro II, lanzó una serie de reformas en la década de 1860, entre ellas la abolición de la servidumbre, la creación de zemstvos (gobiernos provinciales autónomos), la total independencia del poder judicial, la ampliación de las universidades y la reforma del servicio militar. El régimen zarista combinaba un gobierno central fuerte con prácticas autocráticas y débiles estructuras de gobierno local. La diferencia en el funcionamiento social y político de la sociedad rusa favoreció el desarrollo de movimientos revolucionarios de inspiración occidental (en particular, el Partido Comunista Judío de Polonia, el Bund); los escritos de autores como Alexander Herzen y Nikolai Chernyshevsky expresaban las aspiraciones a una transformación radical de la sociedad rusa de la época. El movimiento narodnik ("populista"), surgido en la década de 1860 e inspirado por Herzen, intentó adaptar las ideas socialistas a la realidad rusa. A partir de la década de 1870, las ideas marxistas se difundieron ampliamente en los círculos revolucionarios rusos. En 1872, los censores zaristas autorizaron la publicación de *El Capital* de Karl Marx, convirtiéndola en la primera traducción en Europa, juzgándola demasiado árida y compleja para interesar al público lector: por el contrario, el libro tuvo un gran éxito entre los protestantes rusos, que acogieron con entusiasmo las herramientas teóricas que proporcionaban los escritos de Marx. Poco a poco, los "narodniks" se fueron enfrentando violentamente al régimen zarista y, en 1881, el ala terrorista del movimiento, Narodnaya Volya (*Voluntad Popular*), asesinó a Alejandro II. El nuevo zar, Alejandro III, decidido a erradicar el espíritu "revolucionario", inició durante su reinado una serie de contrarreformas que reforzaron los poderes del gobierno central y redujeron los de los gobiernos locales que su padre había ampliado. En 1894, Nicolás II sucedió a Alejandro III; tan conservador como su padre, descuidó la formación de estructuras burocráticas que pudieran garantizar la eficacia del régimen y se mostró incapaz de coordinar las acciones de sus ministros de forma coherente.

Muerte de su padre, ejecución de su hermano

En 1886 y 1887, la familia Ulianov sufrió dos dramáticos acontecimientos. En enero de 1886, el padre de Vladimir, Ilya, murió de una hemorragia cerebral a la edad de 53 años. A su viuda se le concedió una pensión, pero aunque la familia siguió beneficiándose del patrimonio heredado de los Blank y de los ingresos correspondientes, ya no gozaban del prestigio de su padre. En ausencia de su hermano mayor, Alexander, que estudiaba en San Petersburgo, Vladimir, de 16 años, tuvo que asumir las responsabilidades de un "hombre de familia". El adolescente se vio afectado por la muerte de su padre: su carácter se oscureció y la relación con su madre se vio afectada' . El suceso ocurrido en 1887 resultó aún más trágico: durante sus estudios, Alexander se relacionó con un grupo de jóvenes revolucionarios que dirigían una sección del Narodnaya Volya. A finales de 1886, Alejandro se involucró más activamente con sus compañeros, que planeaban asesinar al zar Alejandro III. Alexander Ulyanov contribuyó a la redacción de proclamas que llamaban al golpe de fuerza y que supuestamente acompañarían al ataque. Los conspiradores planeaban hacer huelga el 1er de marzo de 1887, pero la policía descubrió el complot y sus principales organizadores fueron detenidos. Quince acusados comparecieron ante el tribunal y todos fueron condenados a muerte. Diez de ellos fueron indultados: Alexander Ulyanov, que reivindicó su responsabilidad durante el juicio, no estaba entre ellos. Su madre suplicó en vano clemencia; Alexander fue ahorcado el 11 de mayo. La familia Ulyanov, respetada hasta entonces, pasa al ostracismo social.

Vladimir quedó conmocionado por la muerte de su hermano, pero no lo mencionó mucho en sus escritos posteriores; se dice que en 1895 dijo a un camarada que Alejandro le había "mostrado el camino". Sin embargo, es difícil estimar el efecto inmediato de la muerte de Alexander Ulyanov en las ideas de su hermano: aunque Vladimir Ulyanov parece haber sentido admiración por su hermano mayor, sus propias opiniones políticas no parecen haber estado muy claras en aquel momento. En los meses siguientes, retomó tranquilamente sus estudios y aprobó los exámenes que le permitieron ingresar en octubre en la Universidad de Kazán para estudiar Derecho. No mostró inmediatamente un gran interés por la política, pero pronto se vio arrastrado por la turbulenta atmósfera del ambiente universitario. Los alumnos participaron en numerosas manifestaciones por diversos motivos. Sin ser demasiado entusiasta, y al parecer principalmente por curiosidad, Vladimir Ulianov participó en algunas de las manifestaciones y reuniones estudiantiles prohibidas por las autoridades. Su presencia allí parece haber sido episódica, pero su relación con Alexander Ulyanov hizo que la policía lo considerara sospechoso de inmediato. A principios de diciembre de 1887, fue detenido con una treintena de otros estudiantes, considerados "dirigentes". La mayoría de ellos se reintegraron en la universidad poco después, pero no Vladimir Ulianov: debido a su apellido, y a pesar de haber sido poco activo en la bronca estudiantil y las manifestaciones, fue expulsado de la universidad' .

Obligado a interrumpir sus estudios y regresar al campo durante un tiempo, Vladimir Ulianov pasaba la mayor parte del tiempo leyendo. Fue entonces cuando descubrió a autores como Karl Marx y Nikolai Chernyshevsky. La novela de Chernyshevsky *¿Qué hacer?*, que retrata a un revolucionario ascético arquetípico, fue una importante fuente de inspiración para el joven, como lo fue para varias generaciones de activistas rusos, y contribuyó a conformar su visión del mundo' . Escribió al Ministerio de Educación Pública pidiendo volver a la universidad o estudiar en el extranjero, pero sus peticiones fueron rechazadas. Su madre compró una granja con un molino y algunas tierras en el pueblo de Alakayevka (óblast de Samara) e intentó dedicarse, con la ayuda de su hijo, a la gestión de esta finca agrícola. Tuvo dificultades para integrarse y describió su relación con los campesinos como "anormal" a pesar de sus esfuerzos, según Nadezhda Krupskaya. Según Bertram Wolfe, el futuro Lenin tuvo un breve período como terrateniente y explotador del trabajo campesino. Durante sus estancias en Kazán, Vladimir frecuentó grupos de reflexión marxistas. Se reunió con miembros de Narodnaya Volya y trabajó en el estudio de la historia de la economía rusa y en su conocimiento de los textos marxistas. El estudio de las obras de Marx y Engels le convenció de que el futuro de Rusia pasaba por la industrialización y la urbanización. La experiencia de la granja resultó un fracaso: Vladimir y su madre no eran muy competentes en agricultura y acabaron alquilando la granja. El joven no renunció a obtener diplomas y se preparó con diligencia para presentarse al examen que le permitiría ingresar en la Universidad de San Petersburgo para estudiar Derecho como candidato independiente. Aunque en mayo de 1891 quedó destrozado por la muerte de su hermana Olga a causa de la fiebre tifoidea -en el aniversario de la ejecución de Alejandro-, siguió preparándose para los exámenes y, en noviembre, aprobó con la nota más alta de todas las pruebas'. El 12 de noviembre de 1891 regresó a Samara con un diploma que le permitía trabajar como abogado en prácticas. Al mismo tiempo, permaneció bajo la vigilancia de la policía, que lo consideraba un subversivo' .

Debut político

La carrera de Vladimir Ulyanov como abogado en Samara fue tan breve como inocua. En enero de 1892, se incorporó al bufete de Andrei Khardin, abogado progresista y amigo de la familia. Como abogado, no se ocupó de casos importantes, sino que se limitó a tratar algunos litigios entre terratenientes o asuntos financieros de interés personal. Siguió beneficiándose del patrimonio familiar: liberado de la necesidad de ganarse la vida de verdad, dedicó sólo una pequeña parte de su tiempo a su profesión y, a lo largo de 1892, se ocupó únicamente de catorce casos. Más tarde, en respuesta al cuestionario rellenado por los miembros del Partido Comunista, indicó que su "profesión básica" era la de "escritor". Mucho más que su profesión de abogado, le interesaban el estudio de la política y la economía y su naciente vocación revolucionaria. Cuando la región del Volga fue asolada por una terrible hambruna en 1891-92, se distinguió de su familia, pero también del entorno revolucionario ruso, por mostrar poco interés por la difícil situación de los campesinos: creía entonces que la hambruna entre el campesinado ruso era una consecuencia inevitable del desarrollo industrial, y que el apoyo político a los campesinos sería contraproducente para retrasar el desarrollo del capitalismo ruso y, por tanto, la evolución hacia el socialismo. En el verano de 1893, la familia Ulyanov se trasladó a Moscú. Vladimir aprovechó que la vigilancia policial sobre él se había relajado para trasladarse a San Petersburgo, donde quería hacerse un nombre en los círculos políticos e intelectuales.

En aquella época, Uliánov estaba influido no sólo por el marxismo ortodoxo, sino también por las ideas del populista Piotr Tkachev (1844-1886), que abogaba por una toma del poder por una minoría revolucionaria. Además de sus elogios a los métodos terroristas -que influyeron enormemente en Narodnaya Volya-, los escritos de Tkachev criticaban la falta de fe de Engels en el potencial revolucionario de Rusia debido al atraso de la economía rusa. Vladimir Uliánov se sentía especialmente atraído por la idea de una revolución llevada a cabo por una élite de activistas revolucionarios y, a partir de la década de 1890, abogó por el uso del terror.

En febrero de 1894, en una reunión de un círculo de discusión marxista de la capital, conoció a su futura esposa, Nadezhda Krupskaya. En mayo de ese mismo año publicó su primer texto de cierta importancia, un panfleto contra el líder de los populistas, titulado *Qué son los amigos del pueblo y cómo combaten a los socialdemócratas*. En él exponía sus tesis sobre la inevitabilidad del desarrollo del capitalismo en Rusia y sobre la actividad de los socialdemócratas, que debía dirigirse enteramente a la clase obrera, a la que debían inculcarse los principios del "socialismo científico". A principios de 1895, participa en las actividades de un grupo marxista dirigido por Pierre Struve. Este último publicó una colección titulada *Documentos sobre la situación económica en Rusia*, que incluía un largo artículo escrito por Uliánov bajo el seudónimo de *Tulin*. A mediados de marzo de 1895, el Ministerio de Asuntos Exteriores levantó la prohibición de viajar impuesta a Ulianov: es posible que la Okhrana, la policía secreta zarista, influyera en esta decisión para obtener información sobre sus actividades. Aprovechó la oportunidad para viajar a Suiza, donde entró en contacto con los círculos revolucionarios rusos en el exilio y conoció a los teóricos marxistas Pavel Axelrod y Gueorgui Plejánov, cofundadores de *Liberación del Trabajo*, el primer grupo marxista ruso. Plejánov y Uliánov discrepaban sobre la conveniencia de aliarse con los liberales contra la autocracia -idea rechazada por Uliánov-, pero planeaban publicar juntos una revista marxista en ruso; el joven activista revolucionario profesaba una gran admiración por Plejánov, que llegó a expresar en términos casi "amorosos". Uliánov viajó entonces a Francia, donde conoció a Paul Lafargue, yerno de Marx, y a Jules Guesde. En Berlín, habló con Wilhelm Liebknecht. Regresó a Rusia con libros marxistas prohibidos escondidos en un doble fondo de su maleta'.

De vuelta a San Petersburgo, Vladimir Ulianov, junto con *Liberación del Trabajo* y con la ayuda de varios camaradas, se dispuso a fundar la revista marxista que había discutido con Plejánov, que se llamaría *Rabotnik*

("Obrero"). Al principio, él y sus compañeros sólo pensaban publicar textos políticos, pero Uliánov conoció a Julius Mártov, un joven intelectual judío que acababa de fundar su propio grupo de debate marxista, y con el que pronto entabló amistad. Martov insistía en que los activistas marxistas debían actuar sobre el terreno de forma concreta en lugar de limitarse al trabajo intelectual. Uliánov fue convencido por Mártov; fundaron un grupo político llamado *Unión de Lucha por la Liberación de la Clase Obrera*. El grupo, que era estrictamente jerárquico y no incluía a ningún trabajador, contaba con diecisiete miembros y cinco "suplentes". Uliánov, que entonces tenía 25 años -pero cuya calvicie prematura y aspecto serio le valieron el apodo de "el viejo" y le dieron cierta autoridad entre los demás jóvenes militantes- era el responsable de todas las publicaciones del movimiento.

En noviembre de 1895, Uliánov se alejó del ámbito de la producción intelectual para adentrarse en el de la acción política: escribió un folleto en apoyo de los trabajadores en huelga, se reunió con los líderes huelguistas y redactó un largo panfleto sobre la condición de los trabajadores, del que se imprimieron clandestinamente mil ejemplares. La Okhrana, que llevaba tiempo observando sus actividades, decidió esta vez actuar contra él: el 9 de diciembre fue detenido por la policía y puesto en prisión provisional. Martov fue detenido al mes siguiente. Ulianov aprovechó su detención para avanzar en la redacción de un tratado sobre el desarrollo económico de

Rusia. Su hermana Anna y su madre se trasladaron de Moscú a San Petersburgo y pudieron visitarle con regularidad, llevándole material de lectura y escritura. El 29 de enero de 1897 fue condenado, como la mayoría de los miembros detenidos de la Unión de Lucha para la Liberación de la Clase Obrera, a tres años de exilio administrativo en Siberia oriental. Otros dos miembros de su familia también fueron condenados por actividades revolucionarias: su hermano Dmitri fue expulsado de la universidad y exiliado a Tula, mientras que su hermana María fue enviada a Nizhni Nóvgorod. Finalmente, su madre consiguió que Dmitri y Maria se reunieran en Podolsk, en una casa alquilada por la familia.

Salida hacia Siberia y matrimonio

Junto con otros camaradas exiliados, Uliánov viajó en tren de primera clase, ya que su padre era un noble, a través de Siberia, sin saber dónde sería relegado. Debido a las condiciones climáticas, estuvieron estacionados dos meses en Krasnoyarsk. En abril, Ulianov supo que su lugar de deportación sería el pueblo de Shushenskoye, en el distrito de Minusinsk. Gracias a una petición de su madre, que había alegado la mala salud de su hijo, fue relegado a un lugar de clima agradable. Uliánov mantuvo correspondencia con los demás exiliados, dando ánimos a los que, como Mártov, fueron relegados a localidades menos hospitalarias. Nadezhda Krupskaya fue deportada a Ufa. No obstante, trató de asegurar a Ulianov una fuente de ingresos: primero, negociando con un editor la publicación de una colección de escritos de su amigo bajo el título *Estudios económicos*; después, buscándole un trabajo como traductor al ruso de textos de Sidney y Beatrice Webb. Uliánov y Krupskaya, que se habían declarado "prometidos", pidieron reunirse. Las autoridades accedieron a su petición y en mayo de 1898 Nadedja se reunió con Ulianov en Shushenskoye, acompañada de su madre. Como burgués e hijo de un noble, la familia había contratado a una criada. La pareja se casó el 10 de julio en una ceremonia religiosa, ya que en aquella época no existía el matrimonio civil en Rusia".

Actividades políticas en la deportación

Las condiciones de la deportación de Ulianov y su esposa fueron bastante cómodas: aparte de la necesidad de vivir en el lugar donde habían sido puestos bajo arresto domiciliario, la pareja gozaba de una considerable libertad de movimientos en un radio nada desdeñable, podía visitar a los exiliados de los alrededores y organizar excursiones de caza y pesca. Los exiliados políticos no pueden abandonar Siberia, pero son libres de vivir allí como les plazca y de ver a quien deseen. Vladimir Ulianov puede escribir durante su exilio, y publica artículos y reseñas de libros de economía en la prensa, por los que cobra una media de 150 rublos. Escribió el libro *El desarrollo del capitalismo en Rusia* y, a través de su hermana Anna, encontró un editor en San Petersburgo especializado en textos marxistas. En esta obra, que analiza la situación económica del Imperio ruso -y que firma, para escapar a la vigilancia de la censura, con el nombre de *Vladimir Iline*, que ya había utilizado para *Estudios* económicos-, Uliánov retoma los análisis de Plejánov; sin embargo, se aparta de este último para plantear la tesis de que el capitalismo en Rusia ha alcanzado un estado de desarrollo relativamente avanzado, con el campesinado dividido en proletarios agrícolas y "kulaks" -o campesinos ricos-, que desempeñan el papel de burgueses. Uliánov utiliza su análisis para demostrar que, debido a la fase de desarrollo del capitalismo en Rusia, la evolución hacia el socialismo es mucho menos remota de lo que suelen creer los marxistas rusos: por tanto, es posible prever una situación revolucionaria y el derrocamiento de la dinastía Romanov".

Uliánov también continuó manteniéndose al corriente de la vida política en Europa; en el contexto de la disputa reformista alemana, se mostró especialmente hostil al revisionismo de Eduard Bernstein, que propugnaba el abandono de las aspiraciones revolucionarias por parte del movimiento socialista. En aquella época, Uliánov estaba muy influido por los escritos del teórico Karl Kautsky y, al igual que éste, tomó partido por la ortodoxia marxista. Aunque anhelaba volver a la política activa, aprovechó su arresto domiciliario para perfeccionar sus conocimientos de pensamiento económico y político. El Partido Obrero Socialdemócrata Ruso (RSDWP) se fundó en marzo de 1898, durante el exilio de Uliánov: el partido fue inmediatamente reprimido y casi desmantelado al nacer. Desde su residencia forzosa en Siberia, Uliánov trabajó en un proyecto de programa para el partido, que quedó reducido a círculos aislados y tuvo que ser reconstruido.

En enero de 1900 se le informó de que su deportación a Siberia iba a terminar, pero se le seguía prohibiendo temporalmente la entrada a San Petersburgo, Moscú o cualquier otra ciudad con universidad o actividad industrial importante. Krupskaya y él se separaron temporalmente: ella completó su exilio en Ufa, donde no se le permitió establecerse, mientras que él se reunió con su madre y su hermana Anna en Podolsk. Durante el último año de su exilio, Uliánov se ocupó de preparar un plan de acción: pretendía fundar un periódico político de alcance nacional, que sería un primer paso para reunir a los dispersos grupos locales en un movimiento revolucionario único, que abarcara toda Rusia. Sin embargo, pensó que este proyecto sólo podía llevarse a cabo en el extranjero, por lo que pidió permiso para salir del país. El 15 de mayo de 1900, las autoridades zaristas, que consideraban que el exilio fuera de Rusia condenaba a los opositores a la ineficacia, accedieron a su petición. En julio se marchó a Suiza.

Primer periodo de exilio en el extranjero

A su llegada a Zúrich, Uliánov fue recibido por miembros de Liberación del Trabajo y conoció a Pavel Axelrod. Su objetivo era organizar un segundo congreso del Partido Obrero Socialdemócrata Ruso (RSDWP) para reformarlo y, para ello, preveía crear un periódico que sirviera para coordinar la acción del partido e imponer la línea marxista definida por Plejánov. A sus ojos, Alemania es el país más adecuado para crear la redacción del periódico, en la que espera que participen sus amigos Alexander Potressov y Julius Martov, además de Plejanov, Akselrod y Vera Zassulich. Pero Plejánov exigió tener el control sobre el contenido del periódico, que los jóvenes militantes esperaban controlar. Las negociaciones con Plejánov fueron difíciles, y a Uliánov le resultó muy duro soportar este conflicto con el teórico marxista, que había sido uno de sus ídolos.

Tras llegar a un acuerdo de principio, Uliánov y Potressov partieron de Zúrich hacia Múnich, donde se proponían encontrar un impresor y organizar la red de apoyo financiero necesaria para crear el periódico. En diciembre se publicó el primer número del periódico, llamado *Iskra* ("La chispa"), y los ejemplares se introdujeron de contrabando en Rusia mediante mensajeros a través de un complicado circuito. *Iskra*, de la que sólo se imprimieron una docena de números en 1901, ofrecía contenidos marxistas eruditos, dirigidos a un público políticamente instruido de activistas revolucionarios. En el primer número, Uliánov insistía en la necesidad de formar un partido revolucionario que reuniera a "todo lo que está vivo y es honesto en Rusia" para sacar al país del "asiatismo", asociando entonces Asia con el despotismo brutal y atrasado. En sus inicios, el periódico era el "comité central" del POSDR. Nadezhda Krupskaya se reunió con su marido en Alemania el 1er de abril de 1901; su madre también llegó a Múnich al mes siguiente. Krupskaya gestionaba la correspondencia del Iskra y las dos mujeres se ocupaban también de la casa, dejando a Ulianov, que en Múnich se hacía llamar "Herr Meyer", tiempo para dedicarse a sus escritos.

Además de su trabajo en Iskra, Vladimir Ulianov, cuyas primeras obras no habían tenido la repercusión esperada en los círculos políticos rusos, escribió un panfleto titulado *Qué hacer*, cuyo título era un homenaje a la novela homónima de Nikolai Chernyshevsky. Al igual que Chernyshevsky había descrito la actividad de los activistas revolucionarios rusos, Ulianov quería exponer sus ideas sobre cómo organizar un partido político clandestino en el contexto zarista. Firmó el panfleto con el seudónimo *N. Lenin* (quizá inspirado en el río siberiano Lena), que ya había utilizado para firmar cartas a Plejánov , así como algunos artículos. La atención que despertó *¿Qué hacer?*

en los círculos marxistas rusos hizo que *Lenin* se convirtiera en el seudónimo definitivo de Ulianov

El libro -considerado esencial para fundamentar la estrategia revolucionaria de Lenin- le brinda la oportunidad de presentar sus concepciones políticas, concebidas en el contexto particular del Imperio ruso. Rusia, un país en proceso de industrialización en su modelo económico, seguía siendo a sus ojos el brazo reaccionario de toda Europa en el plano político, la autocracia que organizaba la sociedad según un sistema de "castas" y se convertía en la "cárcel de los pueblos". En este país, que sigue siendo esencialmente un Estado campesino, el desarrollo del capitalismo sigue obstaculizado por las estructuras sociales: corresponde a los revolucionarios dar el impulso histórico decisivo que destruya las "instituciones caducas que obstaculizan el desarrollo del capitalismo", ya que Rusia debe ponerse al día antes de pasar al socialismo.

En *Qué hacer,* Lenin aboga por la organización de un partido centralizado y disciplinado, unido en torno a una estrategia claramente definida. Se separa de las concepciones tradicionalmente vigentes en la socialdemocracia europea al abogar, no por un partido que reagrupe a la intelectualidad y al conjunto de la clase obrera, sino por una revolución organizada y dirigida por "profesionales" que constituirían la "vanguardia" de la clase obrera y serían, en Rusia, los portadores de la conciencia de clase y de la teoría revolucionaria, de la que los obreros no tienen ningún sentido innato. Las peculiaridades políticas de Rusia podrían impedir la aparición de una lucha de clases efectiva, por lo que la misión del partido sería crearla. A los ojos de Lenin, el partido es el verdadero creador de la lucha de clases, y es el único capaz de permitir que los intelectuales den a la clase obrera las ideas correctas: no sólo da fuerza al proletariado, sino también conciencia. En el contexto ruso, Lenin consideraba que el partido debía sustituir a la burguesía, que no existe en el sentido evolucionado de las sociedades europeas occidentales (Rusia se encuentra, a sus ojos, en la fase de "atraso asiático"), y desempeñar en su lugar el papel de acelerador de la historia. En la organización del partido revolucionario, Lenin se refiere a la fábrica y al ejército, que imponen disciplina a los hombres mediante estructuras rígidas; los "revolucionarios profesionales" de los que se compone el partido llevan a cabo tareas definidas según los principios de la división del trabajo, según el principio de una autoridad estrictamente jerárquica que emana de la cúspide. En su conclusión, aboga por una insurrección armada de todo el pueblo. Cuando se publicó, *¿Qué hacer?* no despertó mucha hostilidad; Plejánov pensaba que Lenin exageraba los peligros del espontaneísmo y otros marxistas pensaban que su insistencia en el centralismo era exagerada, pero en general los revolucionarios rusos eran conscientes de las dificultades de luchar contra la autocracia rusa y aprobaban las ideas de Lenin sobre la organización del partido.

Al mismo tiempo que Lenin escribía *Qué hacer*, estaba ocupado redactando un programa para el Partido Obrero Socialdemócrata Ruso en preparación de su segundo congreso. Plejánov no estaba muy dispuesto a participar en la tarea y prefería concentrarse en sus escritos económicos; no obstante, Lenin insistió en que aportara su prestigio personal a la redacción del programa. El 1 de junio de 1902, tras un laborioso proceso de trabajo conjunto entre sus diversos redactores, *Iskra* pudo publicar en su número 21 un programa provisional. Lenin logró imponer a Plejánov varias de sus ideas, en particular la inserción del término dictadura del proletariado, que Plejánov había suprimido de una primera versión; la afirmación de que el capitalismo era ya el modo de producción dominante en la Rusia imperial; y, por último, la propuesta de devolver parte de la tierra a los campesinos en cuanto fuera derrocada la dinastía Romanov. Este último punto pretendía competir en su propio terreno con el Partido Socialista Revolucionario, que entonces abogaba por la expropiación de tierras en beneficio del campesinado y ejercía gran influencia en la intelectualidad y los estudiantes.

A principios de 1902, la vigilancia de la policía bávara se hizo demasiado pesada y los editores de Iskra decidieron trasladar el periódico a Londres. Lenin y Krupskaya llegaron a la capital británica en abril y se instalaron en un piso alquilado para ellos por un simpatizante ruso, que también negoció el uso de una imprenta para el periódico.

Al año siguiente, el grupo decidió trasladarse de nuevo, estableciendo la redacción en Ginebra, ya que Martov consideraba esta ciudad más conveniente para organizar la actividad conjunta. Lenin intentó en vano oponerse a este nuevo movimiento, pues no deseaba verse sometido de nuevo a la supervisión directa de Plejánov, que aún vivía en Suiza. Antes de su partida de Londres, conoció a Leon Bronstein, conocido como "Trotsky", un joven revolucionario ruso que había escapado del exilio y aspiraba a entrar en la redacción del periódico. Los preparativos para la organización del congreso del POSDR continuaron durante varios meses antes de que Bruselas fuera finalmente elegida como sede; Lenin se rodeó de activistas de confianza -incluidos su hermano Dimitri y su hermana María- con el fin de conseguir el mayor número posible de delegados para su causa⸍ .

Ruptura entre bolcheviques y mencheviques

El Segundo Congreso del Partido Obrero Socialdemócrata Ruso se inauguró finalmente el 30 de julio de 1903. Los socialdemócratas rusos estaban de acuerdo en la necesidad de construir un partido poderoso, no sólo para luchar contra el zarismo, sino también contra la competencia del Partido Socialista Revolucionario: sin embargo, las tensiones eran fuertes en el seno del equipo de Iskra. Plejánov, apoyado por Pavel Axelrod y Vera Zassulich, siguió enfrentándose a Lenin, que contaba con el apoyo de Mártov y Potressov. El congreso reunió a representantes de veinticinco organizaciones socialdemócratas de Rusia, así como a los de la Unión General de Trabajadores Judíos (conocida como *Bund*). El riesgo, contenido en los puntos del programa presentado por el Iskra, de una contradicción entre las libertades públicas y los intereses del partido, preocupó a algunos delegados: Sin embargo, Lenin recibe el apoyo de Plejánov en este punto. La verdadera división del congreso, sin embargo, se produjo en torno a los estatutos del Partido: Lenin consideraba que las condiciones de afiliación al Partido debían implicar la participación activa en su vida interna, es decir, la ocupación de un lugar preciso en la organización jerárquica que él preconizaba; Mártov, por el contrario, era partidario de unas condiciones de afiliación más flexibles. Los dos hombres se enfrentaron duramente durante el congreso, y Trotsky apoyó a Mártov. La moción de este último sobre las condiciones de adhesión obtuvo más votos (veintiocho contra veintitrés) que la de Lenin, que experimentó su primer fracaso desde su acceso a la fama. La ruptura entre los dos amigos fue total: Mártov se mostró preocupado por la violencia verbal y el autoritarismo de Lenin, en quien sólo percibía "pasión por el poder"; Lenin, por su parte, se sintió traicionado. El congreso prosiguió con la cuestión del papel del Bund, que exigía el estatus de organización autónoma dentro del POSDR. La mayoría de los congresistas votaron en contra de la reivindicación del Bund: siete delegados abandonaron entonces la sala, cinco "bundistas" y dos miembros de la tendencia de los "economistas", que exigía un estatuto similar. Esta salida permitió a los partidarios de Lenin, derrotados en la votación anterior, convertirse en mayoría en el congreso: a partir de entonces se les denominó "bolcheviques" (mayoría), mientras que los partidarios de Mártov fueron apodados "mencheviques" (minoría). Lenin obtuvo otra victoria al asegurarse el control de Iskra, cuyos redactores consiguió reducir a tres: el congreso votó por Lenin, Plejánov y Mártov, pero este último se negó a participar en una publicación que, en su opinión, estaría dominada por Lenin. El Partido también fue reorganizado por Lenin, que confió su dirección a dos centros de autoridad, por un lado el Comité Central, con sede en Rusia, y por otro el Comité Organizador, es decir, la Iskra, cuyos miembros se encontraban en una posición fuerte, debido a su exilio en el extranjero, a salvo de la persecución.

Sin embargo, la victoria de Lenin duró poco: apoyado por Trotsky, Mártov atacó virulentamente el control de Iskra por los bolcheviques. Plejánov, por su parte, lamentó la división del Partido y abogó por una conciliación con los mencheviques y por volver a una redacción de seis miembros en lugar de tres. A finales de 1903, Lenin, desanimado, presentó su dimisión de la Iskra y de la dirección del Partido; escribió el folleto *Un paso adelante, dos pasos atrás - La crisis en nuestro Partido* para presentar su punto de vista sobre la división del ODPSR. Sus nervios se pusieron a prueba y durante un tiempo cayó en un estado de depresión. Una parte de la tendencia bolchevique del Partido escapa a su autoridad y pretende reconciliarse con los mencheviques; a nivel europeo, Lenin está igual de aislado: prestigiosos socialdemócratas alemanes condenan sus excesos de pensamiento y de lenguaje. Karl Kautsky cerró así las columnas del *Neue Zeit* en las que pretendía exponer su punto de vista. Rosa Luxemburg también denunció la actitud de Lenin'. Trotsky, por su parte, condenó enérgicamente las tesis de Lenin y le acusó de no preparar la dictadura del proletariado, sino la "dictadura *sobre* el proletariado", en la que las directrices del Partido primarían sobre la voluntad de los trabajadores.

Una vez recuperado en el verano de 1904, Lenin trabajó para salir de su aislamiento político desarrollando nuevos proyectos y atrayendo a nuevos partidarios, entre ellos Alexander Bogdanov, Anatoli Lunacharsky y Leonid Krassin. Lenin reorganizó a sus partidarios y formó con ellos el "comité de la mayoría", que era una organización paralela dentro del POSDR diseñada para permitirle enfrentarse tanto a los mencheviques como a los bolcheviques insubordinados. Bogdanov, de vuelta en Rusia, trabaja para organizar los grupos bolcheviques subordinados al comité. Con la ayuda de sus partidarios, Lenin publicó en diciembre de 1904 el primer número de un nuevo periódico, *V Período*, cuyo contenido controlaba totalmente. También trabajó en la organización de un tercer congreso del partido, que se celebraría en Londres en la primavera de 1905' .

A medida que se acercaba el congreso, las posibilidades de Lenin aumentaron inesperadamente cuando, en Rusia, la policía arrestó a nueve de los once miembros del órgano de gobierno del Partido. Lenin se vio así liberado de la presencia sobre el terreno de quienes se oponían a su voluntad. El III Congreso de[e] se inauguró en Londres con un número reducido de participantes, ya que los 38 delegados presentes, en su mayoría procedentes de Rusia, se mostraron mayoritariamente favorables a las tesis de Lenin. Los mencheviques pidieron a August Bebel que actuara como mediador, pero Lenin rechazó de plano sus esfuerzos. Los mencheviques reunieron entonces a sus partidarios en Ginebra. En Londres, Lenin se apoyó en Krasin, Bogdanov y Lunacharsky, pero también se benefició del apoyo de recién llegados como Lev Kámenev. Otro joven militante, Alexei Rykov, representaba a los militantes en Rusia. Lenin hizo que el congreso condenara las tesis de los mencheviques, que podían seguir siendo miembros del Partido si reconocían su disciplina, y la legitimidad del III congreso[e] . Aunque mantuvieron el control del Iskra, los mencheviques fueron marginados. El congreso también eligió un nuevo comité central, formado por Lenin, Bogdanov, Krassin y Rykov.

A pesar de su aparente victoria en el congreso, la autoridad de Lenin sobre el Partido era menos segura de lo que parecía. La Internacional Obrera, además, era severa con la actitud extremista de los bolcheviques y prefería la posición de Plejánov, teórico de prestigio, a la de Lenin, que aparecía como un personaje brutal. Al final del congreso, en abril de 1905, el POSDR también tuvo que considerar la situación en Rusia, donde había estallado la revolución.

Revolución de 1905

A principios de 1905, el Imperio Ruso se encontraba en una situación explosiva: el desastre de la guerra ruso-japonesa indignaba a la población y contribuía a la agitación política, expresándose ahora el descontento popular a plena luz del día. En enero, la dramática represión de una manifestación el Domingo Rojo desacreditó a Nicolás II. La agitación obrera en las ciudades se extendió a las provincias y tomó un cariz cada vez más abiertamente político. Los obreros y campesinos formaron consejos, llamados *soviets*. En la capital, San Petersburgo, se formó un soviet el 14 de octubre. Trotsky, entonces próximo a los mencheviques, fue vicepresidente, junto con el socialista revolucionario Avksentiev. De enero a diciembre de 1905, Lenin y los bolcheviques observaron con preocupación unos acontecimientos que no habían previsto y en los que no desempeñaron prácticamente ningún papel. La mayoría de los emigrantes rusos no se atrevían a regresar a Rusia, donde corrían el riesgo de ser detenidos; Lenin, convencido de que el derrocamiento del zarismo ofrecería nuevas perspectivas al proletariado de todo el mundo, se enfurecía por el hecho de que sólo recibía información incompleta sobre los acontecimientos en Rusia' . Teorizó entonces que la debilidad de la burguesía liberal rusa obligaba al proletariado a tomar el poder por sí mismo apoyándose en el campesinado, no para transformar la economía en una dirección socialista, sino para dejar un margen de desarrollo al capitalismo en Rusia, un desarrollo que sería controlado, enmarcado y forzado. Las tesis de Lenin sobre el campesinado son una novedad con respecto a otros autores marxistas. Marx y Engels, así como los marxistas en general, habían descuidado al campesinado -los campesinos, como pequeños propietarios, relegados al campo de la burguesía-; Lenin, en cambio, reflexiona sobre la situación particular de Rusia y subraya el hecho de que, encuadrados adecuadamente por el proletariado y su Partido, los campesinos pueden convertirse en una fuerza revolucionaria.

Lenin sólo se dio cuenta gradualmente de la necesidad de un cambio de estrategia; después del Domingo Rojo, y durante el congreso del Partido, seguía considerando que bolcheviques y mencheviques debían seguir formando organizaciones separadas. Además, los participantes en el congreso juzgaron que no era sostenible seguir dirigiendo el Partido desde el extranjero: se decidió trasladar el Comité Central y el nuevo periódico del Partido -que se llamaría Proletari- a suelo ruso. Aunque quería estar mejor informado de lo que ocurría en Rusia, Lenin seguía negándose a ir a Rusia y quería seguir enviando instrucciones desde Suiza. En septiembre, debido a la aceleración de los acontecimientos, Bogdánov instó a Lenin a ir a Rusia. Pero sólo después de que el zar publicara el manifiesto de octubre, Lenin consideró que la situación era lo suficientemente segura como para regresar. El 8 de noviembre, tras atravesar el Gran Ducado de Finlandia, él y su esposa llegaron a la estación de ferrocarril finlandesa de San Petersburgo.

Lenin y Kroupskaïa son alojados en San Petersburgo por simpatizantes, en una sucesión de refugios. Lenin se dirige rápidamente a la redacción del periódico *Novaya Jizn* que los militantes del POSDR acaban de crear: toma su dirección por autoridad y lo convierte inmediatamente en el órgano de los bolcheviques. Mantiene contactos con los militantes que trabajan en enlace con los soviets y los sindicatos, escribe artículos y trabaja para organizar el aparato bolchevique en Rusia, reforzando al mismo tiempo su influencia en el Partido. Lenin abogaba por dar armas a destacamentos de obreros y estudiantes y organizar acciones contra los bancos para apoderarse de los recursos financieros necesarios para la revolución; como al manifiesto de octubre debía seguir la elección de diputados a la Duma Estatal, también animó al POSDR a presentar candidatos, para que la propaganda del Partido tuviera una plataforma, mientras el movimiento revolucionario se agotaba. Bogdanov y Krassin eran partidarios de boicotear las elecciones. Ante la evolución de la situación, Lenin abogó ahora por una reconciliación con los mencheviques. En diciembre, se celebró una reunión de los bolcheviques en Tampere, Finlandia, pero el cambio de estrategia de Lenin hacia los mencheviques fue desaprobado por los militantes. Fue en Tampere donde Lenin conoció por primera vez a un militante georgiano, Joseph Vissarionovich, alias "Koba", que más tarde adoptó el apodo de *Stalin* .

Fracaso de la revolución y nuevo exilio

En febrero de 1906, para escapar de la vigilancia policial, Lenin se trasladó a Finlandia que, aunque seguía siendo posesión rusa, gozaba de un amplio grado de autonomía. Con Bogdanov y otros activistas, se instaló en una gran villa a unos sesenta kilómetros de San Petersburgo, desde donde siguió dirigiendo el Partido y sus periódicos. Krupskaya acudía regularmente a la capital para asegurar las conexiones. En mayo, Lenin intentó de nuevo instalarse en San Petersburgo, pero desistió rápidamente y regresó a Finlandia, donde permaneció casi un año. En abril, el POSDR celebró un congreso en Estocolmo que reunió a bolcheviques y mencheviques, pero también al Bund y a socialdemócratas polacos y letones. Lenin abogaba por una nacionalización de la tierra mediante una "dictadura revolucionaria provisional", mientras que los mencheviques querían una "municipalización" de la tierra que diera lugar a una administración menos centralizada que la preconizada por Lenin. Esta vez los bolcheviques fueron superados en votos: se eligió un nuevo comité central, con tres bolcheviques frente a siete mencheviques; Lenin no formaba parte de él, y sus camaradas bolcheviques le informaron de su desacuerdo sobre la nacionalización de la tierra. Lenin abandonó el congreso en un estado de gran fatiga nerviosa. Su posición mejoró, sin embargo, cuando los bolcheviques decidieron mantener una organización separada del comité central del POSDR. Lenin vuelve a formar parte de su dirección, con Bogdánov y Krassin. Mientras tanto, la revolución en Rusia se extinguía. En abril de 1906, las elecciones, boicoteadas por los bolcheviques contra el consejo de Lenin, dieron como resultado la elección de 18 mencheviques para la Duma. Al año siguiente, algunos bolcheviques fueron elegidos para la Segunda Duma. Ésta se disolvió en otoño, y Lenin se mostró partidario de participar en las elecciones de la tercera Duma, que consideraba que permitiría escuchar las ideas socialistas. Bogdanov y Krassin, por su parte, exigieron que los diputados socialdemócratas dimitieran una vez elegidos'. Fue entonces cuando Lenin desarrolló el concepto de centralismo democrático, que definió como la combinación de "libertad de discusión" y "unidad de acción", es decir, el medio de garantizar la existencia de la "lucha ideológica" en el seno del partido unificado: las bases seguirían estrictamente las instrucciones dictadas, tras el debate interno, por los órganos de dirección. Al tiempo que aboga por un partido estrictamente jerárquico, Lenin quiere conservar los medios para polemizar con los mencheviques si sigue cohabitando con ellos dentro del mismo movimiento.

En el verano de 1906, Lenin todavía esperaba, a pesar de la pérdida de impulso de la revolución, que la "guerra de partisanos" se desarrollara en Rusia: a sus ojos, la lucha armada era la forma revolucionaria del terror, que debía ser fomentada. La elección de la violencia organizada es, para Lenin, un rasgo de la "moral del revolucionario": el "terror ejercido por las masas" debe ser admitido por los socialdemócratas, que deben incorporarlo a su táctica, organizándolo y subordinándolo a los intereses del movimiento obrero y de la lucha revolucionaria en general. Lenin considera que "el terror auténtico, nacional, verdaderamente regenerador, el que hizo famosa a la Revolución Francesa", es un elemento esencial del movimiento revolucionario; el terrorismo individual, un acto de desesperación, debe dar paso al terror de masas controlado por el Partido. Si para Lenin, el período de la Revolución Francesa, y especialmente el del Terror, sigue siendo una referencia histórica importante, también cita regularmente el ejemplo de la Comuna de París, cuya culpa, a sus ojos, fue no reprimir suficientemente a sus opositores: El historiador Nicolas Werth subraya que la noción de "terror de masas (en su doble acepción: terror ejercido por las masas y terror de masas)", "central en el pensamiento de Lenin", fue elaborada por éste ya en 1905-1906: en el contexto de un país marcado por un nivel muy alto de violencia política y social, se trataba para Lenin de "armar a las masas frente a la violencia del régimen zarista". A los ojos de Lenin, la violencia es el motor de la historia y de la lucha de clases: por tanto, hay que fomentarla para destruir el "viejo mundo" y, sobre todo, hay que organizarla y subordinarla a los intereses del movimiento obrero y de la lucha revolucionaria.

La policía zarista intensificó su vigilancia y se interesó mucho por las actividades de los dirigentes bolcheviques en Finlandia. En noviembre de 1907, tras ser advertido de la presencia de agentes de policía, Lenin abandonó su dacha finlandesa; al mes siguiente se dirigió a Suecia, de donde pasó a Alemania, y luego a Suiza, a Ginebra. De la experiencia revolucionaria de 1905, que condujo a un nuevo período de exilio destinado a durar diez años, Lenin extrajo varias lecciones. Además de la necesidad de una alianza entre el campesinado y el proletariado -siendo para él primordial en Rusia el potencial revolucionario de las reivindicaciones del campesinado-, juzgaba que una "revolución democrática" en Rusia enardecería a los países occidentales, permitiendo así la aceleración del proceso revolucionario ruso, que saldría así del aislamiento. La revolución de 1905 también llevó a Lenin a enfrentarse, no sólo con Bogdánov, que no compartía sus análisis, sino también con Trotski: este último juzgaba que el soviet era un elemento esencial de la revolución porque permitía la realización de un amplio frente revolucionario; por tanto, era necesario pensar en un reparto de tareas entre el soviet y el Partido, que no podía dominar al proletariado como fuerza política. Lenin, por el contrario, considera que el Partido debe mantener un lugar primordial en el movimiento obrero. En el plano personal, el periodo 1905-1907 puso de manifiesto la fragilidad nerviosa de Lenin, que sufrió varios periodos de depresión' .

De la posrevolución a la guerra mundial

Controversias y divisiones en el movimiento socialista ruso

De vuelta en Ginebra, Lenin se sentía "en una tumba". El movimiento revolucionario ruso estaba entonces en pleno reflujo y el número de militantes bolcheviques menguaba. Lenin se trasladó varias veces, primero a París, donde permaneció cuatro años, y después a Cracovia. Contrariamente a una leyenda posterior, según la cual se vio reducido a la pobreza, vivió con relativa comodidad, siempre acompañado, según sus movimientos, por su esposa, pero también por su madre o, según las épocas, por una u otra de sus hermanas. Se benefició personalmente de diversas ayudas económicas para vivir y publicar. El Partido, por su parte, se financiaba no sólo con simpatizantes como el escritor Máximo Gorki, sino también y sobre todo con "expropiaciones", es decir, atracos, de los que Krassin fue el maestro constructor y donde militantes como "Kamo" y "Koba" (el futuro *Stalin*) se distinguieron en Rusia. Sin embargo, la posición de Lenin dentro del partido seguía amenazada por la tendencia "izquierdista", representada en particular por Bogdánov, que seguía siendo partidaria de boicotear la Duma. Lenin, en cambio, consideraba necesario utilizar todas las posibilidades legales. En abril de 1908, Lenin respondió a la invitación de Máximo Gorki de alojarse en su finca de la isla italiana de Capri. En esta ocasión intentó en vano persuadir a Gorki de que se distanciara de la línea de Bogdánov y Lunacharski. El conflicto entre este último y Lenin en aquel momento no era sólo político, sino también filosófico. En sus escritos, Bogdánov pretendía conciliar el socialismo y el marxismo con la sensibilidad religiosa; Lenin, apegado al ateísmo, se oponía firmemente a esta corriente conocida como la "Construcción de Dios"⁗ .

La cuestión de la financiación del movimiento provocó también nuevas y graves disensiones entre bolcheviques y mencheviques, sobre todo con ocasión del asunto de la herencia de las hermanas Schmidt. Tras la muerte de un joven simpatizante revolucionario, dos militantes bolcheviques se encargaron de seducir y casar a sus dos hermanas y herederas, con el fin de apropiarse indebidamente de la herencia en beneficio del Partido. Lenin, que había ayudado a poner en marcha el plan, no recuperó todo el dinero debido a la falta de delicadeza de uno de los militantes, pero sin embargo consiguió hacerse con una gran suma. La herencia Schmidt le permite garantizar la independencia financiera de su facción. En un principio, el dinero debía repartirse entre las distintas tendencias del POSDR, y los socialdemócratas alemanes se ofrecieron a mediar en su distribución; sin embargo, el dinero fue finalmente monopolizado por Lenin, que lo reservó para uso exclusivo de los bolcheviques. Con los fondos de Schmidt, Lenin pudo fundar el periódico *Proletari*, a través del cual lanzó duros ataques contra los mencheviques y los "conciliadores".

La nueva riqueza financiera de Lenin le dio los medios para enfrentarse a Alexander Bogdanov -con quien seguía en desacuerdo sobre si participar o no en la Duma- con el objetivo de apartar a este último de la dirección bolchevique. Lenin dirigió la lucha contra su rival tanto política como filosóficamente: para compensar una formación filosófica aún ligera -aunque conocía bien a Marx y a Diderot, sólo había hojeado a autores como Hegel, Feuerbach y Kant-, leyó numerosas obras a un ritmo acelerado. A lo largo de 1908 escribió *Materialismo y empiriocriticismo*, obra en la que refutaba el positivismo reivindicado por Bogdánov y exponía, de forma deliberadamente polémica, su propia teoría del conocimiento; Lenin consideraba que una visión política y económica debía apoyarse en un prisma epistemológico coherente: Para él, Bogdánov, al adoptar un enfoque relativista e idealista que le lleva a compromisos con la religión, se aleja del auténtico marxismo y abandona toda perspectiva revolucionaria. Lenin afirmaba que era necesario adoptar un "espíritu de partido en la filosofía", lo que implicaba elegir el "campo" de cada uno entre la "derecha" y la "izquierda". Para él, el "desarrollo de la ciencia" sólo puede confirmar el materialismo, y el materialismo dialéctico permite llegar a una representación de la "realidad objetiva": el pensamiento humano es "capaz de darnos, y nos da, la verdad absoluta que no es más que una suma de verdades relativas". Para Lenin, la "filosofía marxista" debe ser considerada como un bloque único: transpone así al terreno filosófico su concepción de la razón política, basada en la separación en dos campos y en la disciplina estricta del campo revolucionario. En junio de 1908, Bogdánov abandonó la redacción de *Proletari*; en agosto, él y Krassin fueron apartados del centro bolchevique y de la comisión financiera del movimiento. Lenin recibió el apoyo de Plejánov, que, al igual que Lenin, era partidario de la coexistencia del trabajo legal en el marco de las instituciones zaristas (sobre todo la Duma) y del trabajo ilegal. En junio de 1909, la redacción de *Proletari* se reunió en un café de París con miembros de la dirección del Partido. Bogdánov denunció *Materialismo y empiriocriticismo* como una obra oportunista, con la que Lenin pretendía consolidar su alianza con Plejánov. Lenin, que se había asegurado la presencia de numerosos partidarios, acusó a Bogdánov de desviarse del marxismo revolucionario. Bogdánov y Krassin fueron, esta vez, excluidos del centro del Partido por "revisionismo", participación en el movimiento Construcción de Dios y actividades fraccionarias. A su vez, fundaron un periódico llamado *V Periodo*, como el que antes dirigía Lenin, para reivindicar la legitimidad de la facción bolchevique" .

Si Lenin consiguió, gracias a sus nuevos medios financieros, mantener viva su facción, sus métodos contribuyeron a aislarlo. Sin embargo, su ruptura con Krasin, Bodganov, Lunacharsky y Gorki se vio compensada por la llegada de nuevos aliados, Grigori Zinóviev y Lev Kámenev. En 1908, Lenin hizo que una conferencia del partido adoptara posiciones hostiles a los "liquidadores de izquierda"; al año siguiente, hizo condenar las "expropiaciones", ante las que antes había hecho la vista gorda mientras se beneficiaba económicamente. También exigió la disolución de los últimos grupos de *boieviki* (combatientes clandestinos). Lenin se separó así de algunos de sus partidarios, lo que reforzó su aislamiento.

En enero de 1910, el Comité Central se reunió en París: Lenin intentó obtener la reunificación, bajo su dirección, de las distintas tendencias. Los mencheviques y los bundistas, que le reprochaban sus fracasos en Rusia y su falta de escrúpulos, se negaron a darle la dirección del Partido. La actitud de Lenin hizo que fuera duramente atacado en el congreso de la Internacional Obrera, donde se le acusó de ser el "enterrador" del movimiento socialista ruso. Los militantes rusos se acercaron a Trotsky, que editaba el periódico *Pravda* en Viena, o a Bogdanov, que editaba *V Period*. En 1911, de nuevo nervioso y agotado por las luchas internas, Lenin descansó en Longjumeau, donde fue alojado por Grigori Zinóviev y su esposa. Por aquel entonces, Zinóviev dirigía una "escuela de cuadros" en la región de París para formar a militantes bolcheviques.

Relación con Inessa Armand

Hacia 1910-1912, Lenin mantuvo una relación sentimental con la militante francesa Ines -conocida como "Inessa"- Armand, que colaboró estrechamente con él en la organización del movimiento. Tras la muerte de Lenin, las autoridades soviéticas ocultaron la naturaleza de su relación, pero los dos activistas parecen haber superado la fase del flirteo y vivido un auténtico romance. La relación entre Nadezhda Krupskaya y Lenin se resintió de la relación de este último con Inessa Armand; parece que Krupskaya se planteó separarse de su marido. Pero Lenin seguía apegado a su esposa -que entonces padecía la enfermedad de Graves-Basedow, que también parece haberle impedido tener hijos- y prefería permanecer a su lado; durante seis años formaron un ménage à trois que parecía sentarles bien. El romance entre Lenin e Inessa Armand parece haber terminado hacia 1914. Tras regresar a Rusia con Lenin, Inessa Armand y Nadezhda Krupskaya mantuvieron buenas relaciones entre sí y colaboraron en la escuela de cuadros del Partido, especialmente en la publicación de la primera revista *Rabotnitsa* ("*Obrera*") en marzo de 1914 (la guerra interrumpió pronto la publicación) y, un año después, en la "Conferencia Internacional de Mujeres" organizada en Berna.

Situación de los bolcheviques antes de 1914

Mientras tanto, la situación social en Rusia se volvió tensa, con un número creciente de huelgas obreras en 1910, 1911 y 1912. Los revolucionarios quisieron aprovechar la situación y Sergo (Grigory) Ordjonikidze, representante de los militantes bolcheviques activos en Rusia, acordó con Lenin organizar una conferencia para reorganizar el movimiento. La reunión se celebró en enero de 1912 en Praga y Lenin pretendía, en esta ocasión, recuperar la mayoría dentro del movimiento socialdemócrata ruso. Todo estaba calculado para que los bolcheviques superaran en número a los mencheviques: algunos mencheviques, próximos a Plejánov, recibieron invitaciones, pero otros no fueron informados de la reunión. Trotsky, indignado, organizó una reunión rival en Viena, a la que asistieron la mayoría de los activistas mencheviques, que boicotearon la reunión de Praga. La conferencia de Praga se celebró finalmente con dieciocho delegados, entre ellos dieciséis bolcheviques. Los mencheviques presentes se ofendieron por la situación y exigieron que las demás corrientes estuvieran representadas: Ordzhonikidze estaba dispuesto a acceder a su petición enviando invitaciones de última hora, pero Lenin se opuso enérgicamente. Lenin acudió con el apoyo de varios militantes entrenados en Longjumeau por Zinóviev e hizo elegir un comité central en el que se sentó junto a Zinóviev, Yakov Sverdlov, Ordzhonikidze y Roman Malinovsky. El nuevo Comité Central se presentó como la única autoridad legítima para todo el ODSPR, pero sólo tenía un miembro menchevique; por ello, la reunión de 1912 se considera frecuentemente como el nacimiento del "Partido Bolchevique" como una entidad verdaderamente separada. Lenin triunfó en este punto, pero tuvo que abdicar de parte de su autoridad en favor de los militantes en Rusia: el Comité Exterior, que había sido dirigido por Inessa Armand, dejó de representar al Comité Central fuera de Rusia, y la nueva dirección del Partido constaba ahora sólo de dos emigrados, Lenin y Zinóviev. No obstante, Lenin logró su "golpe de Estado" interno y reorganizó el movimiento para convertirse en su verdadero líder. En particular, hizo aprobar su lema de participación en la Duma y otras organizaciones legales de Rusia".

El congreso decidió también crear un periódico diario, que Lenin confió a Malinovsky: el periódico, cuyo primer número apareció en abril de 1912, se llamó *Pravda* (*Verdad*), como la publicación lanzada anteriormente por Trotsky; éste fue así desposeído de su título. *Pravda,* diario legal con una tirada de varios miles de ejemplares en Rusia, apareció hasta julio de 1914. Lenin aprovechó al máximo las posibilidades de la acción legal: los bolcheviques trataron de establecerse en los sindicatos y ya contaban con varios miles de militantes en Rusia. Mientras tanto, bolcheviques y mencheviques seguían irremediablemente divididos: en la Duma consiguieron durante un tiempo presentar una fachada de unidad, pero en el verano de 1913 el grupo socialdemócrata dejó de existir. La fracción bolchevique de la Duma estaba entonces presidida por Malinovsky, que actuaba como intermediario de Lenin y ayudaba a mantener la división con los mencheviques, contra los que arremetía regularmente en la asamblea. Sin que Lenin lo supiera, Malinovsky era un agente doble pagado por la Okhrana. La detención de otros miembros del Comité Central a su regreso a Rusia permitió a Malinovsky afirmar su autoridad y, al mismo tiempo, el control de Lenin sobre el Partido. La Okhrana, que era informada por Malinovsky de las más mínimas actividades de los bolcheviques, favoreció el ascenso de Lenin, a quien veía como un factor de división en el movimiento revolucionario ruso'.

Entre 1905 y 1917, Lenin dirigió su atención a las cuestiones nacionales e integró cada vez más en su estrategia la vinculación de la lucha revolucionaria con las luchas nacionales, incluido el estatus de las nacionalidades en el Imperio ruso. Sin embargo, no concedía a las reivindicaciones nacionales el mismo rango que a la lucha de clases y se declaraba "jacobino" y centralista. Sin embargo, no era hostil a las reivindicaciones de autonomía cultural planteadas por ciertos grupos como el Bund, y su actitud difería de la de militantes como Karl Radek o Rosa Luxemburg, para quienes las luchas nacionales eran ilegítimas para un revolucionario proletario. En 1913, ante el auge de las reivindicaciones nacionales en el seno de la socialdemocracia del Imperio ruso -debido al Bund, así como a los partidos de Letonia, el Cáucaso, Polonia y Lituania-, Lenin encarga a Stalin un artículo sobre la cuestión de las nacionalidades, destinado a refutar las tesis del Bund, de los mencheviques del Cáucaso y, en consecuencia, de todos los mencheviques: Lenin pretende así acelerar la ruptura con las demás corrientes. Lenin también aprovechó este trabajo para probar la competencia de Stalin, y a partir de entonces confió en él. En los años que precedieron a la Primera Guerra Mundial, Lenin elaboró una doctrina limitada sobre el tema del derecho de los pueblos a la autodeterminación: se opuso tanto al internacionalismo radical como al principio de las nacionalidades que daría a la lucha nacional prioridad sobre la revolución proletaria. Lenin está a favor de la autonomía cultural de los pueblos, y del derecho de las naciones a la autodeterminación, si es necesario. Sobre la cuestión judía, denunció la opresión que sufrían los judíos en Rusia, pero no creía en la existencia de una "cultura nacional judía", lo que equivaldría a considerar que los judíos constituían una nación, y, por el contrario, exaltaba los "rasgos universalmente progresistas de la cultura judía". En cuanto a la lucha de las "pequeñas naciones" - como Irlanda en el levantamiento de 1916-, Lenin cree que la acción revolucionaria del proletariado oprimido por el imperialismo romperá el marco de las nacionalidades y derrocará a la "burguesía internacional". Lenin era resueltamente internacionalista y hostil a la mayoría de las formas de patriotismo en Rusia, sobre todo porque mostraba poca consideración por el ruso medio, al que consideraba un pueblo aún subdesarrollado; juzgaba, sin embargo, que el internacionalismo, como la conciencia de clase, no era innato en el proletariado. Contrariamente a los que, como Rosa Luxemburg, ven por encima de todo la finalidad y niegan todo papel a la cuestión nacional, considera que la lucha nacional, si permanece subordinada a la lucha de clases, es un medio de suscitar esta última acelerando la revolución. Teniendo en cuenta el contexto multinacional del Imperio ruso, Lenin considera que el derecho a la autodeterminación permitirá a las naciones del imperio, en el momento de la revolución, elegir si comparten el destino revolucionario de Rusia o si se separan de él. Por otro lado, las naciones podrían optar por unirse al Estado socialista, donde no quedarían barreras etnoculturales ni de clase.

En 1912-13, las antiguas sospechas sobre Malinovsky se reavivaron con una serie de detenciones, entre ellas las de Sverdlov y Stalin. Lenin, que vivía entonces en Cracovia, se negó a hacer caso de las advertencias sobre Malinovsky y defendió la probidad de éste; aceptó participar, con Zinóviev, en una comisión de investigación sobre las actividades de Malinovsky. Tanto Lenin como Zinóviev siguieron concediendo a Malinovski el beneficio de la duda, y el doble agente salió limpio del proceso. El asunto Malinovsky contribuye a envenenar el clima dentro del movimiento socialdemócrata ruso; Malinovsky sigue administrando la tesorería de *Pravda*; el redactor jefe del periódico, Chernomazov, es también un doble agente de la Okhrana. Lenin siguió utilizando el periódico en su lucha contra los mencheviques, a los que atacaba en sus artículos de forma virulenta'.

Entre 1907 y 1912, la Internacional Obrera desempeñó un papel cada vez más importante en las actividades de Lenin: en 1907, asistió por primera vez a su congreso en Stuttgart. Allí encontró una plataforma para denunciar el reformismo y unió fuerzas con Rosa Luxemburgo en muchos puntos. En 1910, como representante de la facción bolchevique en el Buró Socialista Internacional (ISB), el órgano coordinador de la Internacional, propuso que Plejánov se incorporara a él: Plejánov aceptó entonces cooperar con los bolcheviques. Pero la posición de Lenin en el seno de la Internacional Obrera se deterioró después: la incesante disputa entre mencheviques y bolcheviques era una fuente de irritación en las filas de la organización, al igual que la actitud de Lenin, que rechazó violentamente las mediaciones propuestas, en particular la de Clara Zetkin. Rosa Luxemburg también contribuyó a socavar las posiciones de Lenin, a quien consideraba responsable de las divisiones de la socialdemocracia rusa. La cercanía de Lenin a Karl Radek, adversario de Rosa Luxemburg en el movimiento socialista polaco, también contribuyó a ponerla en su contra. A partir de 1913, Lenin, cada vez más impopular dentro de la ISB, dejó de asistir a las reuniones y fue representado por Kámenev. En 1914, la

Internacional Obrera convocó una conferencia especial en Bruselas para intentar reunir a todas las organizaciones y fracciones socialistas rusas. Lenin preparó cuidadosamente un informe sobre la unidad socialdemócrata en Rusia, pero cometió el error de no ir él mismo a la conferencia y hacer que Inessa Armand leyera su informe. Su ausencia irritó a los dirigentes de la Internacional y Karl Kautsky, apoyado por Rosa Luxemburg, hizo adoptar una resolución condenando la actitud de los bolcheviques. La cuestión de la posible unidad se aplazó hasta el próximo congreso de la Internacional, previsto en Viena en agosto de 1914.

Primera Guerra Mundial

El "derrotismo revolucionario" y la conferencia de Zimmerwald

Cuando estalló la crisis de la Primera Guerra Mundial, Lenin no se dio cuenta al principio de la gravedad de la situación internacional, pero a partir de julio de 1914 juzgó que la guerra que se avecinaba podía traer la revolución a Rusia. Lenin vivía en Galitzia, entonces territorio polaco del Imperio Austrohúngaro; juzgado sospechoso por las autoridades, fue detenido a principios de agosto y encarcelado. Activistas socialistas austriacos y polacos intervinieron inmediatamente en su favor: Victor Adler aseguró a las autoridades austrohúngaras que Lenin era un "enemigo jurado" de los Romanov y, por tanto, no corría el riesgo de ser un agente zarista. Liberado a los pocos días, Lenin abandonó rápidamente Galitzia con su esposa, mientras los ejércitos rusos avanzaban hacia territorio de los Habsburgo. La pareja se refugió en Berna (Suiza). Al enterarse de que los socialdemócratas alemanes habían votado a favor de los créditos de guerra de su gobierno, Lenin llegó a la conclusión de que la II Internacional estaba muerta. En toda Europa, los partidos socialistas y socialdemócratas se adhirieron a la política belicista de sus respectivos gobiernos: aunque Lenin coincidía con Mártov en condenar la actitud de los socialistas en su conjunto, se distinguió por prestar especial atención a la situación en Rusia. Mientras Mártov condenaba a todos los gobiernos "imperialistas" sin distinción, Lenin contaba con una victoria del Imperio alemán contra su propio país: la derrota militar del Imperio ruso le parecía el detonante de la revolución en Rusia. Sin embargo, su visión apenas era compartida al principio del conflicto, ni dentro de la Internacional Obrera ni entre sus compatriotas. En Suiza, Lenin vivió años difíciles durante la Primera Guerra Mundial: fue apartado del resto del movimiento socialista ruso y *Pravda* fue prohibida en Rusia, privándole tanto de un medio de influencia como de una fuente de ingresos. En febrero de 1916, tuvo que abandonar su casa de Berna y alquilar un nuevo piso en Zúrich, en condiciones muy precarias. Mientras atravesaba relativas dificultades materiales, su vida privada también se vio afectada por sucesivas muertes: la madre de Nadezhda Krupskaya, que contribuyó en gran medida a la organización de la vida doméstica de la pareja, falleció en marzo de 1915; su propia madre, Maria Ulyanova, murió en julio de 1916' .

La incapacidad de la Internacional Obrera para impedir la guerra convenció a Lenin, y a otros socialistas con él, para reconstruir una nueva Internacional. En septiembre de 1915 se organizó, por iniciativa de los italianos, una conferencia en la localidad suiza de Zimmerwald. En esta conferencia de Zimmerwald, que reunió a 38 participantes en representación de 11 países, Lenin abogó por que su programa rompiera con la II Internacional, creara un "nuevo organismo de la clase obrera" y llamara a la guerra civil. Su concepción del "derrotismo revolucionario", según la cual los trabajadores deben luchar contra su propio gobierno -sin temer la posibilidad de precipitar su derrota militar, lo que por el contrario favorecería la revolución- seguía siendo minoritaria, y sólo fue seguida por 5 delegados. No obstante, Lenin pudo dar a conocer sus ideas: su tendencia, apodada la "Izquierda Zimmerwaldiana", fue ganando influencia en las filas socialistas a medida que el conflicto, cada vez más mortífero, se prolongaba″ . Aunque las ideas de Lenin ganaban terreno en Europa Occidental, los bolcheviques estaban muy debilitados en Rusia, donde los diputados bolcheviques de la Duma y sus ayudantes, entre ellos Lev Kámenev, fueron detenidos acusados de traición y enviados a la deportación′ .

En abril de 1916, los participantes de Zimmerwald contrarios a la guerra volvieron a reunirse en la conferencia de Kiental, a la que acudieron 43 delegados: Lenin abogó enérgicamente por una ruptura total con la desacreditada IIe Internacional, pero su línea permaneció en minoría′ . También atacó violentamente a Kautsky -ausente en la conferencia-, al que describió como una prostituta política.

Reflexiones sobre la revolución

Durante los años de la guerra, Lenin reflexionó sobre las cuestiones del Estado y la forma de gobierno en el contexto de una revolución socialista. Primero cuestionó las ideas de Nikolai Bujarin, que se oponía a la opinión de Kautsky de que los socialistas podían conservar las estructuras estatales una vez derribado el "antiguo régimen", mientras que Bujarin defendía la destrucción total del Estado capitalista y la construcción de un Estado revolucionario. Lenin criticó inicialmente las ideas de Bujarin por anarquistas, pero finalmente llegó a la conclusión de que Bujarin, al señalar que las estructuras existentes del Estado sólo podían obstaculizar el proceso revolucionario, había identificado una debilidad fundamental en el pensamiento de Kautsky. Basándose en la experiencia de 1905, Lenin concluye que el soviet es la estructura más adecuada para proporcionar la matriz del nuevo Estado. Llevando su pensamiento al terreno filosófico, Lenin estudió los textos de Aristóteles, Hegel y Feuerbach y llegó a la conclusión de que es imposible entender a Marx sin asimilar primero a Hegel. En sus notas de la época, Lenin llegó a redefinir radicalmente su teoría del conocimiento, contradiciendo algunas de las teorías expresadas en *el Materialismo y el Empiriocriticismo*. Donde había afirmado el carácter absoluto de la realidad tal como la percibe la mente humana, Lenin juzgaba ahora que el conocimiento es un reflejo de la naturaleza tal como la percibe el hombre, a través de muchos conceptos derivados de la mente humana, que a su vez está condicionada por una realidad en movimiento. Por tanto, la realidad no sólo está determinada por los preceptos científicos, sino sobre todo por la práctica. Por lo tanto, el pensamiento político debe ser flexible y el pensamiento marxista debe adaptarse a la naturaleza cambiante de la realidad: Lenin encuentra así el argumento central para refutar los escritos de Kautsky.

Mientras continuaba la Primera Guerra Mundial, Lenin seguía reflexionando sobre sus posibles implicaciones revolucionarias. Sobre la situación del capitalismo internacional, Lenin discrepaba en particular de la tesis de Bujarin de que el capitalismo internacional se estaba convirtiendo en un "trust" económico mundial: para Lenin, por el contrario, había que tener en cuenta el axioma marxista sobre la inestabilidad inherente al capitalismo. Para apoyar su tesis, Lenin escribió *El imperialismo, fase suprema del capitalismo*, que terminó en julio de 1916: en este panfleto, Lenin analiza el imperialismo como un capitalismo "parasitario o podrido" caracterizado por la dominación del capital financiero sobre el capital industrial. El imperialismo refuerza e incrementa las diferencias y desigualdades de desarrollo entre países: el capitalismo entra así en "putrefacción" como consecuencia del desarrollo del saqueo y la especulación, así como de la lucha entre capitalismos nacionales y el desarrollo de un capital ficticio sin vínculo alguno con las fuerzas productivas. Lenin ve la guerra mundial como una lucha entre imperialismos rivales por el reparto del mundo y pronostica la transformación de la guerra entre naciones en una guerra entre burgueses y proletarios. Más ampliamente, analiza la guerra mundial como expresión del comienzo de la putrefacción del régimen capitalista, que lleva a las grandes potencias a hacer la guerra a una escala y con unas consecuencias sin precedentes. También considera el imperialismo como un signo de la maduración de las condiciones para la transición al socialismo. En lugar de la visión tradicional de Marx de la revolución socialista como la expropiación de los grandes capitalistas, Lenin sustituye una visión apocalíptica de la agonía del capitalista, en el contexto de conflictos gigantescos. Lenin subraya también el potencial revolucionario de las masas colonizadas, que buscan su salvación en la lucha por la liberación nacional, que debilitará a los gobiernos colonizadores y dará una nueva fuerza al proletariado: uno de los aspectos positivos del imperialismo es, pues, a sus ojos, el hecho de que desarrolla sentimientos nacionales en el marco colonial. Los capitalistas se enfrentan ahora no sólo a su propio proletariado, sino también a los pueblos extranjeros que explotan, independientemente del tipo de sociedad y del grado de desarrollo de los pueblos en cuestión. La reflexión conduce así a la resolución de la paradoja de una revolución que surgiría en un país económicamente atrasado como el Imperio ruso y no, como prevé el pensamiento marxista, en un gran país industrializado: en la perspectiva de Lenin, Rusia se convierte en el "eslabón más débil" del capitalismo, es decir, en un país donde coexisten diversas formas de explotación capitalista, tanto un capitalismo propiamente ruso, como también modos de explotación colonial y semicolonial. El capitalismo ruso es, por tanto, especialmente contradictorio e inestable, lo que permite albergar esperanzas de una revolución en Rusia. Las teorías de Lenin se justifican en parte por la situación particular de Rusia, poblada principalmente por campesinos, y donde los obreros por sí solos no pueden constituir una fuerza revolucionaria suficiente.

Las ideas de Lenin sobre la cuestión nacional provocaron la réplica de Rosa Luxemburg que, en total desacuerdo con él, publicó un panfleto bajo el seudónimo de *Junius* en el que juzgaba que la revolución sólo podía venir de Europa, es decir, de los países capitalistas más antiguos. Lenin reaccionó escribiendo un texto titulado *Respuesta a Junius*, en el que replicaba mordazmente a Rosa Luxemburg y reafirmaba el carácter revolucionario de las guerras nacionales contra las potencias imperialistas.

Aunque Lenin continuó su trabajo teórico, a principios de 1917 aún estaba lejos de cualquier perspectiva de acceder al poder. Sus condiciones de vida en Zúrich, donde la vida le resultaba muy cara, seguían siendo mediocres. Durante un tiempo, parece que pensó en emigrar a Estados Unidos. En enero de 1917, ante un grupo de jóvenes socialistas en Zurich, juzgó que, si bien Europa estaba "madura para la revolución" y que la rebelión de los pueblos de Europa contra "el poder del capital financiero" era inevitable a largo plazo, la revolución podría no llegar hasta dentro de muchos años. Lenin dijo en esta ocasión: "Puede que los viejos no veamos las luchas decisivas de la revolución inminente".

Revolución rusa

A principios de 1917, como a todos los exiliados políticos rusos, a Lenin, que seguía en Suiza, le pilló por sorpresa el estallido de la Revolución de Febrero: desacreditado por su negligencia y por las dificultades del ejército ruso en el frente oriental, el régimen zarista se derrumbó. Al igual que en 1905, aparecieron soviets por todo el país; mientras que los socialistas-revolucionarios y los mencheviques participaron en la revolución, los bolcheviques no desempeñaron casi ningún papel en ella; tras la abdicación de Nicolás II, se formó un Gobierno Provisional, pero su autoridad pronto entró en competencia con la del Soviet de Petrogrado'. En el transcurso del mes de marzo, Lenin envió a *Pravda,* que pudo reaparecer en Rusia, una serie de textos -llamados más tarde las "cartas desde lejos"- en los que preconizaba el derrocamiento del Gobierno Provisional: la redacción del periódico (Kámenev y Stalin, recién liberados de su exilio siberiano), avergonzada por el radicalismo de las cartas de Lenin, se abstuvo de publicarlas, con una excepción. Lenin intentó encontrar la manera de volver a Rusia lo antes posible: primero pensó en pedir ayuda al Reino Unido, donde vivían muchos de sus amigos socialistas, pero los Aliados no estaban dispuestos a ponérselo fácil, ya que para ellos era esencial mantener a Rusia en la guerra. La ayuda decisiva para Lenin vino finalmente de los Imperios Centrales, concretamente de

Alemania. Después de que Mártov planteara la idea de pedir ayuda a Alemania, los bolcheviques se pusieron en contacto con agentes alemanes a través de socialistas suizos. Zinóviev representó entonces a Lenin durante las negociaciones con ellos; Lenin puso como condición que el vagón de tren que transportaba a los revolucionarios rusos tuviera estatus extraterritorial, para evitar cualquier acusación de cooperación con Alemania: el viaje en tren se conoció más tarde como el "vagón de plomo", inventado por la propaganda bolchevique en un intento de demostrar la independencia de Lenin del Imperio Alemán. En realidad era un tren normal. El acuerdo con las autoridades alemanas consistía simplemente en que los pasajeros que viajasen por el país se negasen categóricamente a reunirse o hablar con nadie" - y posteriormente provocó controversia, con algunos acusando a Lenin de haber sido comprado por el gobierno alemán', o incluso de ser un traidor a Rusia. En 1918, el periodista estadounidense Edgar Sisson, representante en Rusia del *Comité de Información Pública*, publicó en Estados Unidos una serie de documentos traídos de Rusia que demostraban que Trotsky, Lenin y los demás revolucionarios bolcheviques eran agentes del gobierno alemán. George Kennan, en 1956, demostró que estos documentos eran casi en su totalidad falsificaciones'.

En realidad, Lenin y los alemanes se aprovecharon conscientemente el uno del otro, aprovechando cada uno esta alianza momentánea para favorecer sus propios intereses: el Imperio alemán ve con muy buenos ojos el regreso a Rusia de los agitadores políticos, y cuenta con Lenin y los demás para desorganizar un poco más a Rusia; Lenin, por su parte, utiliza todos los medios a su alcance para lograr su objetivo revolucionario' . Los revolucionarios partieron de Zúrich el 27 de marzo; además de Lenin, en el tren viajaban una treintena de bolcheviques y aliados de Lenin, entre ellos Grigori Zinóviev, Inessa Armand y Karl Radek. Un segundo tren, por la misma ruta, llevó más tarde a Martov, el líder de los mencheviques, y a varios de sus parientes, como Axelrod, Riazanov, Lunacharsky y Sokolnikov, varios de los cuales se unieron a los bolcheviques tras su llegada a Rusia' . En el camino, Lenin escribió un documento, conocido más tarde como las *Tesis de Abril*: en esta serie de diez textos, expuso un plan de acción radical, contradiciendo la noción marxista de que una revolución burguesa es una etapa necesaria para la transición al socialismo y abogando por una transición directa en Rusia hacia una revolución proletaria; para transformar la revolución rusa en socialista, los campesinos pobres tendrían que formar parte de la nueva oleada revolucionaria.

El 3 de abril, Lenin llegó a la estación de Petrogrado, en Finlandia, donde fue recibido por una multitud de partidarios al son de *La Marsellesa*. Lenin prestó poca atención a Nicholas Cheidze (Nicholas Chkheidze), el presidente menchevique del Soviet de Petrogrado que había venido a darle la bienvenida, e inmediatamente se lanzó a pronunciar un discurso abogando por una revolución socialista mundial. Con su esposa, se dirigió a casa de su hermana Anna, que acogía a la pareja en la capital. Al día siguiente, Lenin se dirigió al Palacio de Tauride, que se había convertido en la sede del Gobierno Provisional y del Soviet de Petrogrado: ante una asamblea de socialdemócratas desconcertados, abogó por la toma del poder por los soviets y la transformación de la guerra en una guerra civil, con vistas a una revolución mundial. Negándose a apoyar al Gobierno Provisional ruso, Lenin vio que los soviets, si eran penetrados y controlados por el Partido, eran el instrumento adecuado para tomar el poder; si ahora adoptó la consigna "¡Todo el poder a los soviets!", fue con vistas a imponerles una mayoría, o incluso un dominio, de los bolcheviques Sin embargo, la mayoría de los bolcheviques se inclinaban por una táctica de conciliación y unidad entre revolucionarios: Lenin, por el contrario, abogaba por una transición a la acción inmediata, con el cese de todos los esfuerzos bélicos, el fin del apoyo al Gobierno Provisional y la transferencia de todos los poderes a los soviets, la sustitución del ejército por milicias populares, la nacionalización de la tierra y el control de la producción y la distribución por los soviets. Muchos cuadros del Partido se escandalizaron por la violencia de sus tesis. Bogdánov comparó las declaraciones de Lenin con el delirio de un loco; otro activista, Goldenberg, concluyó que Lenin se creía heredero de Bakunin y se situaba fuera de la socialdemocracia' .

Lenin tuvo dificultades para que sus tesis fueran aceptadas incluso en *Pravda*: el 7 de abril, el periódico aceptó publicar las *Tesis de abril*, pero precedidas de una nota de Kámenev desaprobando su contenido. Al día siguiente, el Comité del Partido de la capital se reunió y votó por amplia mayoría contra las propuestas de Lenin. Lenin preparó entonces cuidadosamente la Conferencia de todo el Partido Ruso, que se reuniría diez días después: se benefició de la presencia de delegados de base, seducidos por su firmeza. El hecho de que la esperanza de paz pareciera alejarse después de que el ministro Milioukov reafirmara los objetivos bélicos de Rusia también contribuyó a inclinar a los militantes a favor de Lenin. También recibió el apoyo de Zinóviev y Bujarin contra Kámenev. En el congreso, Lenin presentó sus tesis, en las que pedía la paz inmediata, el poder para los soviets, las fábricas para los obreros y la tierra para los campesinos. Lenin también reafirmó su rechazo a la democracia "burguesa" y al parlamentarismo: creía que esta forma de democracia, que se utilizaba en Occidente, en realidad concentraba el poder en manos de la clase capitalista y pedía que se sustituyera por una democracia que procediera directamente de los soviets de obreros y campesinos' .

Mientras las multitudes se manifestaban contra la guerra en la capital, las resoluciones de Lenin obtuvieron una fuerte mayoría en el congreso -especialmente la relativa a la paz-, con la excepción de la que exigía la revolución socialista inmediata. Se adoptó oficialmente el lema "Todo el poder para los soviéticos". Sin embargo, Lenin seguía sin poder conseguir el abandono del término "socialdemócrata", que ahora consideraba sinónimo de traición, y su sustitución por "comunista". Por otra parte, los congresos bolcheviques aún esperan lograr la unidad con los mencheviques. En el transcurso de mayo, Lenin ganó un nuevo aliado importante en la persona de Trotsky, que también había regresado a Rusia y que se unió a sus ideas. Mártov, por su parte, compartía las ideas de Lenin sobre el deseo de paz y abogó en vano contra la participación de los mencheviques en el Gobierno Provisional; sin embargo, se negó a unir a su antiguo amigo, a quien ahora veía como un cínico cuya única pasión era el poder. Lenin multiplicó sus apariciones públicas en la capital: aunque no era tan buen orador como Trotski, y a pesar de un ligero defecto de pronunciación -no era capaz de pronunciar la "R" al estilo ruso-, mostraba una energía y una convicción en sus discursos que contribuyeron a su notoriedad. En la primavera de 1917, era ya la figura más influyente de un partido cuya prensa, gracias en parte al dinero proporcionado por Alemania, se beneficiaba de medios que distaban mucho de los de otros movimientos. Para ganar influencia en la clase obrera y contrarrestar la influencia de los mencheviques en los sindicatos, Lenin fomentó la formación de comités de fábrica, en los que los bolcheviques realizaban una intensa propaganda.

Fracaso de las jornadas de julio

En junio, Lenin asistió al Primer Congreso Panruso de los Soviets, donde tomó la palabra, denunciando virulentamente al Gobierno Provisional y anunciando que los bolcheviques estaban "dispuestos a tomar el poder inmediatamente". Sin embargo, los congresistas votaron a favor de la confianza en el gobierno provisional y rechazaron la resolución de los bolcheviques que exigía la transferencia inmediata del poder a los soviets. Los bolcheviques siguieron manteniendo la agitación política; la acumulación de problemas económicos y militares en Rusia jugó en contra del gobierno provisional de coalición. La continua implicación de Rusia en el conflicto contribuyó a la impopularidad del gobierno. A finales de junio, tras el desastre de la contraofensiva decidida en el Frente Oriental por el ministro de la Guerra Aleksandr Kerenski, se intensificó su propaganda entre los obreros y los soldados. Lenin, cansado, se marchó a Finlandia a finales de junio para descansar: el 4 de julio, fue informado por un emisario del Comité Central de que las manifestaciones contra el gobierno provisional habían degenerado hasta el punto de convertirse en una insurrección, lo que podría dar lugar a medidas draconianas contra los bolcheviques. De vuelta en Petrogrado, Lenin hizo un llamamiento a la calma, pero el gobierno estaba decidido a acabar con las actividades de los revolucionarios: Kerensky hizo circular documentos que acusaban a Lenin de traidor y agente alemán. Junto con Zinóviev, Lenin tuvo que abandonar de nuevo la capital para escapar a la detención. Kamenev, Trotsky, Lunacharsky y Alexandra Kollontai son detenidos. La huida de Lenin causó cierta controversia entre los bolcheviques, algunos de los cuales abogaban por su rendición; sin embargo, las acusaciones de traición a Alemania convencieron a Lenin de no arriesgarse a caer en manos de las autoridades. Kerensky asumió un nuevo gobierno y, acosado por las críticas del Soviet de Petrogrado que consideraba innecesarias las detenciones, no llevó a cabo su plan de revelar el asunto de los fondos alemanes que habían beneficiado a Lenin' .

A finales de julio, los bolcheviques se reorganizaron en su 6^e congreso: Stalin habló en nombre de Lenin -que estaba ausente porque se ocultaba en las afueras de la capital, en Razliv- y abogó por la confrontación con el gobierno provisional, al haber terminado el "periodo pacífico" de la revolución. La consigna "todo el poder a los soviets" desapareció, sustituida por una consigna que reclamaba la "dictadura revolucionaria de obreros y campesinos". El secreto de su escondite fue revelado y Lenin huyó a Finlandia, ayudado por Stalin, que lo escondió y lo escoltó hasta un lugar seguro. Aprovechó su ausencia forzosa para escribir El *Estado y la Revolución*, un tratado marxista en el que exponía sus puntos de vista sobre el proceso revolucionario y abordaba la cuestión -no detallada por Marx y Engels- de las formas que debían adoptar el Estado y el gobierno bajo la dictadura del proletariado. De paso, vuelve sobre la necesidad de que el Partido adopte un nuevo nombre -el de *bolcheviques*, nacido en el congreso de 1903, es "puramente accidental"-, que podría ser *Partido Comunista*, manteniendo entre paréntesis la palabra "bolchevique". En este libro, que quedó inacabado a causa de la Revolución de Octubre, Lenin presenta esquemáticamente el proceso histórico que dedujo de su lectura de las obras de Marx y Engels, y según el cual la sociedad pasará primero por la fase "inferior" de la sociedad comunista, es decir, la dictadura del proletariado: El derrocamiento del capitalismo mediante una revolución violenta conducirá a esta primera fase, llamada "socialismo" o más exactamente colectivismo económico, durante la cual el Estado tomará posesión de los medios de producción. Durante la dictadura del proletariado, que contribuirá a consolidar la revolución - Lenin no precisa la duración de esta fase-, el Estado subsistirá en forma de "Estado proletario". La etapa del socialismo implicará el mantenimiento de una cierta desigualdad social, pero poco a poco la sociedad evolucionará hacia la igualdad absoluta, para alcanzar finalmente la etapa "superior", la del comunismo integral, que corresponderá a una sociedad sin clases en la que la propiedad privada ya no tendrá razón de ser; el Estado, habiéndose vuelto inútil, desaparecerá entonces por sí mismo. Los "excesos" cometidos por determinados individuos serán reprimidos por "el pueblo", que ejercerá la represión en lugar del antiguo aparato estatal" .

Los escritos de Lenin suscitaron más tarde las críticas de marxistas como Kautsky y Mártov, que argumentaban que Marx tampoco descartaba un proceso de revolución no violenta, y sólo utilizaba en contadas ocasiones el concepto de dictadura del proletariado, del que Lenin hizo un gran uso, aparentemente sin darse cuenta de que un sistema de este tipo desembocaría inevitablemente en la opresión de una parte de la población por otra. El *Estado y la Revolución* se presenta a veces posteriormente como una muestra del pensamiento "libertario" y "democrático" de Lenin; algunos de sus partidarios presentan la obra como la coronación de su pensamiento, mientras que los críticos la consideran un panfleto simplista e inverosímil. Sin embargo, en esta obra, en la que todos los juicios se hacen a la luz de la lucha de clases, Lenin adopta una posición radical contra la democracia parlamentaria e ignora tanto la noción de pluralismo político como la necesidad de instituciones capaces de defender las libertades que propugna' .

Revolución de Octubre

A finales de agosto, el intento de golpe de Estado del general Kornilov, comandante en jefe del ejército ruso, puso de manifiesto tanto la fragilidad del gobierno de Kerensky como la capacidad de reacción de los partidos de izquierda (bolcheviques, pero también mencheviques y S-R), que se habían movilizado contra las acciones de Kornilov. Los bolcheviques salieron victoriosos del asunto, en el que sólo desempeñaron un papel secundario, pero que confirmó su regreso a la escena política. Los meses transcurridos entre el fracaso del golpe de fuerza de Kornílov y la llegada al poder de los bolcheviques estuvieron marcados por una acelerada descomposición de la autoridad política con el telón de fondo de la crisis económica; el discurso de los bolcheviques progresó rápidamente en el seno de los soviets, en particular en los comités de fábrica y en los comités de barrio de la capital, así como entre los soldados -que querían dejar de luchar y volver a casa para repartirse la tierra- y entre los obreros. Lenin, desde su retirada de Finlandia, consideraba que, debido al vacío institucional en Rusia, el poder estaba al alcance de la mano'.

Siguiendo las instrucciones enviadas por Lenin, los bolcheviques tomaron el control de las estructuras de poder en la capital y en las provincias. Una moción bolchevique que pedía la constitución de un gobierno sin participación "burguesa" obtuvo la mayoría en el Soviet de Petrogrado; el comité ejecutivo de mayoría menchevique/S-R fue superado en las votaciones y Trotsky, recién salido de la cárcel, fue elegido presidente del Soviet. La mayoría también se impuso en Moscú. Inicialmente cauto en sus escritos, Lenin -a quien su hermana María servía de mensajera- pasó a hacer propuestas más radicales y envió varias directivas al Comité Central abogando por una rápida toma del poder. Hizo hincapié en la amenaza que suponían las tropas alemanas para la capital y afirmó que la situación militar podría dar a Kerensky los medios para aplastar a los bolcheviques. Además, la impaciencia de Lenin estaba motivada principalmente por la proximidad de la votación, que se había pospuesto varias veces y ahora estaba prevista para noviembre, para elegir una asamblea constituyente. Una vez elegida la asamblea, era probable que un nuevo centro de poder impidiera a los bolcheviques reclamar para sí la condición de representantes del pueblo. Mientras la mayoría de los bolcheviques aceptaba participar en la Conferencia Democrática para formar un pre-parlamento antes de la elección de la Asamblea Constituyente, Lenin envió un mensaje exigiendo que se sitiara la sede de la conferencia y se encarcelara a sus participantes; su directiva sorprendió al Comité Central, que se abstuvo de seguirla. Dentro del CC, Kámenev discrepaba especialmente de Lenin; consideraba que no se habían dado las condiciones para instaurar el socialismo en Rusia y abogaba por una coalición de todos los partidos socialistas. Esta opción se vio comprometida durante un tiempo por el fracaso de la Conferencia Democrática, pero Kámenev contaba con la toma del poder mediante una votación del Congreso de los Soviets, que con toda probabilidad daría lugar a un gobierno socialista de coalición, del que él podría aparecer como figura dominante. Para acelerar la formación de la Asamblea Constituyente, los bolcheviques hicieron anunciar el II Congreso de los Soviets para finales de octubre y manipularon su preparación para conseguir la mayoría de los delegados. Lenin, por el contrario, quería que los bolcheviques tomaran el poder antes del Congreso de los Soviets (lo que llevaría a un reparto del poder con los demás partidos socialistas y correría el riesgo de marginar a Lenin en favor de Kámenev); insistió en sus cartas en la necesidad de un golpe de fuerza inmediato.

El 15 de septiembre del calendario juliano (28 de septiembre del gregoriano), el Comité Central discute dos cartas (tituladas *Los bolcheviques deben tomar el poder* y *Marxismo e insurrección*) enviadas por Lenin desde su retiro en Finlandia: marcados aún por el fracaso de las jornadas de julio, los dirigentes bolcheviques desaprueban estos llamamientos a la toma del poder. Dos semanas después, Lenin volvió a la carga publicando un artículo en el periódico del Partido titulado *La crisis está madura*, en el que afirmaba que esperar al Congreso de los Soviets sería "una idiotez y una traición". Exasperado por el hecho de que no se siguieran sus instrucciones -el Comité Central incluso se negó a dejarle regresar a Petrogrado por primera vez-, Lenin abandonó finalmente Finlandia de incógnito para volver a Rusia: afeitado, disfrazado y con peluca, llegó a la capital el 7 de octubre (20 de octubre del calendario gregoriano).

Tres días después del regreso de Lenin, los miembros del Comité Central se reunieron en el piso del menchevique de izquierdas Nicolas Sujanov (cuya esposa era activista bolchevique): tras diez horas de discusiones, y en parte gracias al apoyo de Sverdlov, que les aseguró que se estaba fomentando un complot militar, Lenin consiguió dar la vuelta a su audiencia y les hizo votar sobre el principio de una insurrección armada. De las doce personas presentes, sólo dos (Kámenev y Zinóviev) votaron en contra; la mayoría apoyó a Lenin, sobre todo por los rumores de que Kerenski estaba dispuesto a abandonar la capital a las tropas alemanas.

Sin embargo, las propuestas de Lenin siguen despertando las reticencias de algunos; en una reunión celebrada seis días más tarde en presencia de representantes de la organización militar de los bolcheviques, del Soviet de Petrogrado y de organizaciones obreras, varios participantes advierten de los riesgos de una insurrección, cuyo secreto, mal guardado, se filtra rápidamente en la prensa menchevique. El propio Kámenev confirmó el rumor cuando, para gran furia de Lenin, publicó un artículo en el periódico de Máximo Gorki condenando el principio de un levantamiento armado de los bolcheviques' . Kerensky, por su parte, pensaba que contaba con el apoyo de las tropas, los mencheviques y los socialistas revolucionarios. Pero el 21 de octubre (3 de noviembre), la guarnición se unió al Comité Militar Revolucionario que Trotsky había creado a principios de mes en el seno del Soviet de Petrogrado. El golpe bolchevique se produjo tres días después, en vísperas del Congreso de los Soviets. Los Guardias Rojos, destacamentos armados de los bolcheviques, tomaron el control de los puntos estratégicos de la ciudad y, en la mañana del 25 de octubre (7 de noviembre), pocas horas antes de la apertura del congreso, Lenin hizo publicar un comunicado del Comité Militar Revolucionario anunciando la destitución del gobierno provisional y convocando al Soviet de Petrogrado para formar "un poder soviético": al actuar antes de la apertura del congreso, Lenin asigna el poder a un comité militar que no depende en absoluto del poder de los Soviets, y excluye de hecho cualquier reparto de poder con las demás organizaciones socialistas. Por la tarde, Lenin, aún sin pelo e irreconocible, hizo su primera aparición pública en varios meses en la sesión del Soviet de Petrogrado, durante la cual proclamó que se había logrado "la revolución de los obreros y campesinos". El Palacio de Invierno, donde se habían refugiado los miembros del gobierno, cayó durante la noche. Mientras tanto, protestando contra el hecho de que los bolcheviques hubieran dado un golpe de fuerza antes de cualquier decisión del Soviet, los mencheviques y el Bund abandonaron el congreso. Mártov y sus amigos, que intentaban formar un gobierno de coalición, se vieron reducidos a la impotencia y también abandonaron la sala, dejando el campo libre a Lenin y Trotski. El congreso votó entonces un texto redactado por Lenin, que atribuía "todo el poder a los Soviets", dando a la insurrección bolchevique apariencia de legitimidad, .

Poco después de medianoche, dos horas después de la detención de los ministros del gobierno provisional, el Soviet ratificó dos decretos preparados por Lenin. El *Decreto sobre la Paz* invitaba "a todos los pueblos y a sus gobiernos" a negociar una "paz democrática justa", siendo el objetivo del texto -que los Aliados se negaron a tener en cuenta- crear en la opinión internacional una conmoción suficiente para obligar a los gobiernos a buscar la paz, situándose deliberadamente en la perspectiva de una revolución europea. El segundo texto, el *Decreto sobre la Tierra*, legitimaba la apropiación por los campesinos, desde el verano, de tierras cultivables que habían pertenecido a los grandes terratenientes o a la corona, o incluso a los campesinos ricos: este segundo decreto, claramente inspirado en el programa de los socialistas revolucionarios, permitió a los bolcheviques asegurarse, al menos durante un tiempo, el apoyo del campesinado. Tras la ratificación de los decretos, se constituyó un nuevo gobierno, el Consejo de Comisarios del Pueblo (o *Sovnarkom*), bajo la presidencia de Lenin.

Afirmación del poder bolchevique

El primer Consejo de Comisarios del Pueblo está compuesto sólo por bolcheviques, de acuerdo con la voluntad de Lenin de no compartir el poder con las demás formaciones revolucionarias. El nuevo comité ejecutivo del Soviet de Petrogrado, en el que los mencheviques y el S-R se niegan a sentarse, está compuesto por bolcheviques y socialistas revolucionarios de izquierda. Lenin, según Trotsky, propuso en un primer momento que se le confiara la presidencia del Sovnarkom, en vista de su papel decisivo en la toma del poder; Trotsky, sin embargo, se negó, argumentando que Lenin tenía legitimidad revolucionaria.

Pocos días después de la toma del poder, pareció imponerse la idea de formar un nuevo gobierno de coalición que incluyera a mencheviques y eseristas, a pesar de la hostilidad de Lenin. Un grupo, compuesto por Zinóviev, Kámenev, Rykov y Noguin, negoció con los demás socialistas con la intención de excluir a Lenin y Trotski de la coalición; Zinóviev, Kámenev y sus aliados denunciaron los intentos de Lenin de desbaratar las negociaciones y su comportamiento con los demás socialistas. Ya el 27 de octubre, Lenin hizo cerrar los periódicos de la oposición' ; legalizó esta medida aprobando un decreto que otorgaba a los bolcheviques el monopolio de la información (incluido el control de la radio y el telégrafo) y daba a las autoridades el derecho a cerrar cualquier periódico que causara "problemas" publicando noticias "deliberadamente erróneas".

Kámenev -a quien Lenin hizo condenar por el Comité Central por actividades "antimarxistas"-, Zinóviev y varios de sus amigos dimitieron del CC para protestar contra este incumplimiento de las promesas sobre la libertad de prensa. Sin embargo, pronto fueron reincorporados y la cuestión de la coalición olvidada, ya que Lenin logró imponer sus puntos de vista y afirmar su autoridad personal sobre el Partido. Desde el principio, Lenin previó apoyar la revolución con medidas terroristas: en el artículo *Cómo organizar la emulación*, escrito en diciembre de 1917, llamaba a las masas a "perseguir un único objetivo: purgar la tierra rusa de todos los insectos dañinos, pulgas (los sinvergüenzas), chinches (los ricos), etc. [...]. [...] Aquí vamos a meter en la cárcel a una docena de ricos, a una docena de sinvergüenzas, a media docena de obreros que disparan a mansalva [...]. Allí se les enviará a limpiar las letrinas. En otros lugares, se les dará una tarjeta amarilla cuando salgan del calabozo, para que toda la población pueda vigilar estas molestias hasta que se corrijan. O uno de cada diez culpables de parasitismo será fusilado en el acto"[,] .

En los días siguientes a su golpe de fuerza, el poder de los bolcheviques aún parecía muy inestable. Los combates continuaron en Moscú, donde la toma del poder fue menos fácil que en Petrogrado, y se enfrentaron a una huelga de funcionarios, que se negaron a someterse al nuevo gobierno. Fueron necesarias varias semanas para acabar con las reticencias de la burocracia, que se fue doblegando poco a poco con la detención de los dirigentes de la huelga y el nombramiento de comisarios políticos para supervisar a los funcionarios; los altos funcionarios recalcitrantes fueron sustituidos por militantes bolcheviques o por funcionarios subalternos simpatizantes de la revolución y promovidos para la ocasión. La lucha en Moscú se decantó a favor de los bolcheviques, y el intento de Kerensky de montar una contraofensiva fracasó por completo. Las primeras semanas del poder bolchevique también estuvieron acompañadas por un despojo del Soviet de Petrogrado, al que Lenin no pretendía dejar ningún poder real. El Sovnarkom privó rápidamente de influencia a los delegados soviéticos al arrogarse el derecho de gobernar por decreto en casos de emergencia, y el Soviet se reunía cada vez con menos frecuencia, mientras que el gobierno de Lenin se reunía varias veces al día.

Al día siguiente de la Revolución de Octubre, Lenin anunció que el nuevo régimen se basaría en el principio del "control obrero": las modalidades de éste se fijaron por decreto a finales de noviembre; en cada ciudad se creó un Consejo de Control Obrero, subordinado al Soviet local. El Consejo Nacional de Control Obrero previsto por el decreto estaba, sin embargo, desde el principio subordinado al Consejo Supremo de la Economía Nacional, lo que despojaba a los trabajadores de cualquier poder real de control. A mediados de diciembre de 1917, el Sovnarkom comenzó a nacionalizar las empresas industriales. En los meses siguientes se promulgaron una serie de decretos para cambiar la sociedad rusa: entre otras decisiones, se separaron la Iglesia y el Estado, se facilitó el divorcio y se secularizó el estado civil. En la Revolución de Octubre, durante una ausencia de Lenin, también se abolió la pena de muerte, para disgusto del líder bolchevique, que la consideraba indispensable en el contexto de Rusia.

El nuevo régimen también se comprometió a redefinir la relación entre las nacionalidades del antiguo Imperio Ruso. El Sovnarkom, donde Stalin ocupaba el cargo de comisario de las nacionalidades, intentó poner en práctica las concepciones de Lenin, que aspiraban a una "unidad socialista de las naciones": en noviembre de 1917, la *Declaración de los Derechos de los Pueblos de Rusia* afirmaba el principio de autodeterminación de los pueblos y la "unión voluntaria y honesta de los pueblos de Rusia", proclamados todos iguales. El texto plantea la cuestión de la organización del nuevo Estado, que aún no está claro si debe ser centralizado o federal. En enero de 1918, la *Declaración de los Derechos de las Masas Trabajadoras y Explotadas*, adoptada por el 3e Congreso de los Soviets, estipulaba que "todas las naciones" podían decidir si se unían a las instituciones soviéticas federales y sobre qué base: el principio federal, que Lenin había rechazado previamente, se impuso en la práctica para evitar la desintegración del antiguo imperio, donde muchos pueblos querían ser independientes. La unión de los pueblos en el seno del Estado soviético era decidida por el Congreso de los Soviets de cada nacionalidad; Lenin concebía la federación como una etapa de transición antes de la revolución mundial, siendo el objetivo, a sus ojos, la superación de las diferencias nacionales con vistas a una unión internacional de los trabajadores en el seno del movimiento revolucionario". Sin embargo, las esperanzas de Lenin de una unión voluntaria de los pueblos a través de la autodeterminación no se hicieron realidad: el antiguo imperio se desmembró rápidamente, y los movimientos independentistas aprovecharon a menudo las diversas intervenciones extranjeras. Las distintas potencias europeas apoyaron la independencia local, en particular para protegerse del "contagio bolchevique" creando un "glacis" territorial en las fronteras de Rusia. Polonia se encontró en un estado de independencia de facto; Finlandia también tomó este camino, al igual que, gracias al apoyo alemán, los tres Estados bálticos (Letonia, Estonia, Lituania) y Ucrania; Georgia, donde los mencheviques locales tomaron el poder, también proclamó su independencia, al igual que los demás territorios del Cáucaso y pueblos como los kazajos y los kirguisos".

En la propia Rusia, los bolcheviques se beneficiaron de un doble proceso que les permitió consolidar progresivamente su control del Estado: mientras centralizaban los resortes del poder ejecutivo, la delegación del poder local en los soviets, los comités de soldados y las organizaciones obreras contribuyó al desmantelamiento de las viejas estructuras sociales. Durante seis meses, el campo ruso vivió una experiencia única de "poder campesino" con el telón de fondo de la redistribución de la tierra, ya que el campesinado se vio reforzado por el decreto. En el frente, la acción de los comités de soldados, alentada por los bolcheviques, pretendía impedir que los oficiales del viejo ejército zarista actuaran contra el nuevo régimen. El 5 de diciembre, el Comité Militar Revolucionario fue disuelto y sustituido por la Cheka, un nuevo cuerpo de seguridad dirigido por Félix Dzerzhinsky.

En los meses previos a la Revolución de Octubre, los bolcheviques habían criticado al Gobierno Provisional por aplazar la elección de una Asamblea Constituyente para establecer las nuevas instituciones. Lenin, a pesar de su escasa consideración por la democracia electoral, cumplió la promesa de su partido y se convocaron elecciones: las elecciones de noviembre, sin embargo, se saldaron con una clara victoria de los socialistas revolucionarios, que seguían siendo el partido más popular entre el campesinado. Los bolcheviques y sus aliados socialistas revolucionarios de izquierdas consideraron entonces la posibilidad de disolver la asamblea' . Lenin escribió en diciembre sus *Tesis sobre la Asamblea Constituyente*, en las que afirmaba que, puesto que los intereses de la revolución eran superiores a los de la Asamblea, ésta debía someterse al gobierno revolucionario o desaparecer. El gobierno comenzó por silenciar a algunos de los opositores: los principales líderes del Partido Constitucional Democrático fueron detenidos y declarados "enemigos del pueblo": el partido fue prohibido, un destino que posteriormente compartieron todos los demás grupos políticos. La Asamblea Constituyente se reunió finalmente el 18 de enero (5 de enero en el calendario juliano) de 1918; unas horas antes, las tropas bolcheviques dispersaron una manifestación de protesta contra la amenaza de golpe de fuerza, causando una decena de muertos. La Asamblea eligió como presidente al eserista Víktor Chernov, frente a la eserista de izquierdas María Spiridónova, apoyada por los bolcheviques, y se comprometió a anular los decretos de octubre. Al día siguiente, la Asamblea Constituyente fue declarada disuelta y su edificio clausurado por la Guardia Roja. El Consejo de Comisarios del Pueblo restringió entonces los poderes del Congreso de los Soviets y creó, como órgano permanente de los Soviets, un Presidium totalmente controlado por los bolcheviques: el "poder desde abajo" de los Soviets dejó de existir' . Los bolcheviques, que asimilan la voluntad de su partido a la conciencia popular, son en adelante libres de decidir solos la forma de las futuras instituciones.

La paz de Brest-Litovsk

La principal emergencia para el nuevo régimen seguía siendo, a finales de 1917 - principios de 1918, la guerra que continuaba contra los ejércitos de los Imperios Centrales. Se concluye un armisticio temporal y comienzan en Brest-Litovsk las conversaciones entre el gobierno bolchevique, el Imperio Alemán, Austria-Hungría y el Imperio Otomano. La dirección bolchevique estaba dividida sobre la línea a seguir en las negociaciones para lograr la paz: Lenin era partidario de firmar inmediatamente una paz separada para "salvar la revolución", mientras que Bujarin rechazaba tal tratado y abogaba por una "guerra revolucionaria", que pensaba que podría conducir a un levantamiento del proletariado europeo. Trotsky, comisario de Asuntos Exteriores, propuso proclamar que Rusia se retiraba del conflicto, sin firmar la paz. Lenin, opuesto a esta solución, la prefiere a la de Bujarin. El 10 de febrero, Trotsky puso fin a las conversaciones anunciando el fin del estado de guerra. De acuerdo con los temores de Lenin, los Imperios Centrales relanzaron entonces la ofensiva: Lenin propuso pedir la paz inmediata, pero su opción fue rechazada por el voto mayoritario del Comité Central. El proletariado alemán, cuya reacción Trotsky había preconizado esperar, no se sublevó; ante el rápido avance de las tropas enemigas, Lenin logró finalmente que el CC adoptara su línea. El 3 de marzo se firma el Tratado de Brest-Litovsk, que obliga a

Rusia a retirar sus tropas de la Ucrania en manos de los independentistas y a renunciar a todas sus pretensiones sobre Finlandia y los países bálticos. El 12 de marzo de 1918, Lenin convirtió Moscú en su capital. Al igual que Bujarin, Lenin seguía aspirando a la revolución a escala mundial; no obstante, consideraba que esta paz era esencial para evitar el aplastamiento de la Rusia soviética, que aún no disponía de medios para defenderse militarmente. El régimen soviético, salvado del desastre, pudo tomar varias decisiones: en un congreso extraordinario, los bolcheviques adoptaron el nombre de Partido Comunista de Rusia (bolchevique); temiendo que los imperios centrales reanudaran su avance, Lenin trasladó la sede del gobierno de Petrogrado a Moscú, donde se instaló el Sovnarkom en el Kremlin. El propio Lenin se trasladó al antiguo edificio del Senado, junto con su esposa y su hermana María. La paz de Brest-Litovsk, aunque supuso para el gobierno revolucionario el respiro que Lenin esperaba, le supuso el ataque de la línea de "comunistas de izquierda" reunida en torno a la revista *Kommunist*, dirigida en particular por Bujarin. Los socialistas revolucionarios de izquierda, hostiles al tratado, también interrumpieron toda cooperación con los bolcheviques" .

En el transcurso de 1918, la proclamación, con el apoyo de la Rusia soviética, de un gobierno socialista en Finlandia pareció confirmar las ideas de Lenin: tras la autodeterminación del país, la "autodeterminación de los obreros" demostraría que los trabajadores eran capaces de decidir su propio destino y de unirse al campo revolucionario. Pero las esperanzas de Lenin se vieron pronto frustradas; la derrota de los Guardias Rojos finlandeses en la guerra civil de 1918 puso fin al experimento y Finlandia quedó fuera de la esfera de influencia de la Rusia soviética.

Rusia, entre la guerra civil y el terror

Salvado por el Tratado de Brest-Litovsk, el régimen bolchevique se enfrentaba, no obstante, a multitud de graves problemas. La pérdida de Ucrania privó a Rusia de uno de sus principales graneros. El país padecía hambre, un problema que se agravaba con la guerra civil y la desorganización de las infraestructuras. El fin de los combates en el Frente Oriental no significó el fin de la violencia en Rusia, donde los Ejércitos Blancos, apoyados a partir de junio de 1918 por una intervención internacional bastante limitada, se sublevaron contra el régimen bolchevique; en junio de 1918, los S-R proclamaron un gobierno, el Comité de Miembros de la Asamblea Constituyente, que se alió en Siberia con el almirante Koltchak, uno de los líderes de los "Blancos", antes de ser disuelto por éste en diciembre. En julio, los S-R de izquierdas se rebelaron contra sus antiguos aliados bolcheviques, pero su torpe intento de insurrección fue rápidamente frustrado.

Rusia se sumió en una guerra civil de extrema violencia, en la que Rojos y Blancos emprendieron campañas de terror contra el bando contrario. Durante el conflicto, Lenin se impuso un agotador horario de trabajo y llevó una existencia casi "espartana". Ante la gravedad de la situación y la multiplicación de los levantamientos, el gobierno bolchevique tuvo que improvisar un ejército -el Ejército Rojo, organizado en particular por Trotski, nombrado Comisario del Pueblo para la Guerra- y un modo de funcionamiento económico que más tarde se llamaría "comunismo de guerra". Todas las empresas con un capital de más de medio millón de rublos fueron nacionalizadas en junio de 1918 (medida ampliada en noviembre de 1920 a todas aquellas con más de 10 trabajadores, siendo esta última decisión, de hecho, sólo aplicada imperfectamente). Como las ciudades se veían azotadas por la hambruna debido a la falta de trigo, se otorgaron amplísimos poderes al Comisariado del Pueblo para el Abastecimiento, ya que el gobierno quería extender la lucha de clases al campo para garantizar el abastecimiento de las ciudades. En junio de 1918, Lenin hizo votar la constitución de "Comités de Campesinos Pobres" (Kombedy), que eran enviados al campo y llevaban a cabo la requisa de los excedentes agrícolas: ante los problemas de reclutamiento, estos Kombedy no solían estar formados por campesinos locales, sino por obreros en paro y agitadores del Partido. Los bolcheviques decretaron la división del campesinado ruso, según un esquema marxista simplista, en *kulaks* (campesinos ricos), campesinos medios y campesinos pobres; las requisas, operadas de forma totalmente inapropiada, afectaron a toda la masa de la población campesina, exacerbando las tensiones y provocando levantamientos. En agosto de 1918, Lenin envió una serie de telegramas ordenando una despiadada represión de la oposición campesina, que atribuyó a los "kulaks". Así, envió un mensaje al Comité Ejecutivo del Soviet de Penza ordenando "1) Colgar (y digo colgar para que la gente pueda verlos) no menos de 100 kulaks, gente rica, conocidos bebedores de sangre 2) publicar sus nombres 3) confiscar todo su grano 4) identificar a los rehenes como indicamos en nuestro telegrama de ayer. Hacedlo para que la gente, a cientos de kilómetros de distancia, vea, tiemble, sepa y se diga a sí misma: están matando y seguirán matando a los sanguinarios kulaks. [...] PD: Encuentra gente más dura.

El expolio al que son sometidos lleva a los campesinos a reducir drásticamente su producción, a veces para apoyar a los enemigos de los ejércitos "rojos", blancos o "verdes". A veces, también, los destacamentos de requisa se llevaban todos los alimentos, incluso las semillas necesarias para la siembra, de los campesinos que se resistían. En enero de 1919, la búsqueda aleatoria de excedentes agrícolas fue sustituida por un sistema centralizado de requisición, que siguió enfrentando al campesinado con el gobierno. El gobierno reaccionó con violencia contra sus numerosos opositores. Trotsky ordenó a las tropas reprimir sin piedad a los supuestos enemigos: los "blancos" capturados, los campesinos, así como los soldados y oficiales que carecían de energía para reprimir, fueron fusilados en toda Rusia. En julio de 1918, Lenin decidió hacer detener a los dirigentes mencheviques. Durante el verano de 1918, incluso antes del comienzo oficial del Terror Rojo, los dirigentes bolcheviques, en primer lugar Lenin y Dzerzhinsky, enviaron un gran número de mensajes a los dirigentes locales de la Cheka, pidiendo "medidas profilácticas" para evitar cualquier riesgo de insurrección, en particular tomando rehenes entre la burguesía. El 9 de agosto, Lenin telegrafió a Penza la orden de encerrar "a los kulaks, sacerdotes, guardias blancos y otros elementos dudosos en un campo de concentración".

Durante la guerra contra los blancos, a pesar de su falta de experiencia militar, Lenin adquirió rápidamente conocimientos militares y no dudó en ordenar el uso de la fuerza. A diferencia de Trotsky, que casi siempre estaba en primera línea, Lenin no se acercaba a los combates y enviaba sus directrices desde Moscú; no obstante, fue uno de los líderes más influyentes en la dirección de las operaciones. Una de sus principales manos derechas fue Yakov Sverdlov, que desempeñó un papel clave en la organización del partido y del Estado hasta su muerte por gripe española en marzo de 1919. La muerte de Sverdlov privó a Lenin de un valioso colaborador: en los años siguientes intentó sustituir a Sverdlov por varios apparatchiks sucesivos -entre ellos Preobrazhensky y Molotov- antes de elegir finalmente a Stalin.

Dictadura bolchevique y Terror Rojo

El depuesto zar Nicolás II y su familia se encuentran bajo arresto domiciliario en Ekaterimburgo desde la revolución. En 1911, Lenin había expresado su deseo de "cortar la cabeza de al menos cien Romanov", en referencia a los Cien Negros y a la condena a muerte por decapitación de Carlos Ier ; este consejo se llevó finalmente a la práctica la noche del 16 al 17 de julio de 1918, cuando Nicolás II, su esposa y sus hijos fueron masacrados por un destacamento de la Cheka. Otros miembros de la familia real, afincados en Perm o Alapayevsk, también fueron masacrados. Trotsky relata en su *Diario del exilio* que Sverdlov le explicó que Lenin no deseaba "dejar a los blancos un símbolo en torno al cual agruparse" . Lenin ocultó inicialmente la masacre de los hijos de la pareja imperial para evitar el horror público ante el asesinato de adolescentes: no fue hasta 1919 cuando las autoridades reconocieron que no habían perdonado a ningún miembro de la familia. En términos más generales, Lenin tuvo cuidado de mantener su nombre fuera de las medidas más represivas: sus directivas ordenando matar o fusilar a opositores permanecieron secretas, alimentando el mito del "buen Lenin" en la opinión pública. En 2011, una comisión de investigación rusa no pudo encontrar pruebas absolutas de que Lenin hubiera ordenado directamente el asesinato de la familia imperial.

Marc Ferro cree, basándose en los archivos, que nunca se planteó juzgar y condenar a muerte al zar por sus crímenes pasados, mientras que Lenin, casi en solitario dentro del partido bolchevique, quería que Nicolás II fuera exiliado con toda su familia. También señala, basándose en un examen de las *obras de Lenin*, que éste sólo una vez en sus discursos -el 8 de noviembre de 1918 ante comités de campesinos pobres- menciona la noche del 16/17 de julio. Preocupado por los riesgos de la restauración del capitalismo o del zarismo, Lenin comparó la ejecución de Nicolás II con las de Luis XVI y Carlos Ier, que no habían impedido "al cabo de cierto tiempo la restauración del Antiguo Régimen". En su opinión, los revolucionarios franceses y británicos deberían haber destruido la clase kulak.

Frente a toda oposición, Lenin se mostró partidario de las medidas terroristas y de la represión más violenta: en numerosas directivas, ordenó ejecuciones públicas o medidas de represión y purga a gran escala, así como la instrumentalización de las tensiones étnicas para desestabilizar a los gobiernos separatistas. Estos documentos, posteriormente censurados durante décadas y ausentes de la edición de sus obras completas publicada en la URSS, no se hicieron públicos hasta 1999. En enero de 1919 también se decidió la política de "descosificación", que se tradujo en la eliminación física de gran parte de la población cosaca, partidaria del antiguo régimen; la historiadora Hélène Carrère d'Encausse califica la campaña contra los cosacos de "auténtico genocidio". Según las directivas oficiales soviéticas, sólo los cosacos ricos estaban en el punto de mira. Así, unidades cosacas que representaban el 20% de la población sirvieron en el Ejército Rojo.

Se tomaron medidas contra el creciente número de masacres antisemitas. Todos los ejércitos de Belgrado fueron responsables: el 39,9% de los pogromos cometidos durante la guerra civil fueron cometidos por los nacionalistas ucranianos de Symon Petliura, el 31,7% por los ejércitos verdes y las bandas de cosacos, el 17,2% por las tropas de Denikin, el 2,6% por el ejército polaco y el 8,6% por el ejército rojo. Sin embargo, mientras los pogromos eran tolerados y a veces alentados por los oficiales "blancos", la dirección del Ejército Rojo los castigaba. El 27 de julio de 1918, Lenin firmó un decreto "ilegalizando a los pogromistas y a todos los que fomentan los pogromos" y "ordenando a todos los soviets provinciales que tomen las medidas más rigurosas para desarraigar el movimiento antisemita y pogromista".

Mientras continuaba la guerra civil, el gobierno de Lenin siguió poniendo en práctica los instrumentos de una dictadura política. En el primer congreso sindical de enero de 1918, un texto menchevique que preveía el derecho de huelga fue rechazado con el argumento de que la República de los Soviets era un "Estado obrero" y que era absurdo que los trabajadores hicieran huelga contra sí mismos. Los sindicatos pasaron entonces a estar bajo la influencia directa del Partido Comunista. Tras el fracaso del levantamiento del ala izquierda del S-R y la detención de los líderes del KD, los demás partidos políticos fueron eliminados gradualmente, y los comunistas se aseguraron el monopolio del poder. Los efectivos de la Cheka crecieron exponencialmente: Lenin, junto con los demás líderes bolcheviques, hizo un llamamiento para desarrollar el "terror" popular. El 5 de julio de 1918, Lenin también pidió el restablecimiento oficial de la pena de muerte por tribunales populares obreros y campesinos para contrarrevolucionarios probados, como el general Piotr Krasnov, actualmente activo en el Don tras haber sido puesto en libertad condicional en Petrogrado en noviembre de 1917:

"El general Krasnov fue liberado por los prejuicios de los intelectuales contra la pena de muerte. Me gustaría ver ahora al tribunal popular, al tribunal obrero y campesino, que no fusilaría a Krasnov como él fusila a los obreros y campesinos [...] No, el revolucionario que no quiere ser hipócrita no puede renunciar a la pena de muerte. No ha habido revolución ni época de guerra civil sin tiroteos [...] En una época de transición, las leyes tienen un valor provisional. Y si una ley impide el desarrollo de la Revolución, se deroga o se corrige.

La pena de muerte se restableció finalmente con motivo del atentado contra él mismo y Ouritsky el 30 de agosto de 1918 y el posterior estallido del Terror Rojo el 5 de septiembre. El 10 de julio de 1918 se aprobó la primera Constitución de la República Socialista Federativa Soviética de Rusia (RSFSR): no se prohibía explícitamente la formación de partidos políticos distintos del Partido Comunista, pero el artículo 23 de la Constitución afirmaba que el nuevo régimen "niega a los individuos y grupos los derechos que puedan utilizar en detrimento de la revolución socialista". Además, se creó una categoría de varios millones de excluidos: los "holgazanes", los clérigos, los antiguos "burgueses" y los "nobles" fueron declarados inelegibles y privados del derecho de voto.

El ejercicio del poder por Lenin contradecía así sus propias teorías: aunque se presentaba como fiel a las tesis de Marx y Engels sobre el carácter transitorio de la dictadura del proletariado, se vio abocado, ante el caos, la guerra civil y los problemas de abastecimiento, a reforzar el aparato del Estado y a instaurar una dictadura, lejos del declive progresivo de las instituciones estatales anunciado en *El Estado y la Revolución*. El poder fue monopolizado gradualmente por el Partido Comunista, mientras que la policía política -la Cheka, sustituida en febrero de 1922 por el Guepev- se convirtió en un órgano de control absoluto. Aunque en principio los soviéticos ejercían el poder, en la práctica el Estado estaba dirigido por el Partido Comunista.

El atentado contra el propio Lenin contribuyó a acentuar el carácter autoritario del régimen bolchevique, llevando las medidas de terror a un nivel mucho más alto; el 30 de agosto de 1918, Fanny Kaplan, miembro del Partido Socialista-Revolucionario, intentó asesinar a Lenin: se acercó a él cuando regresaba a su coche tras una reunión en la fábrica Michelson de Moscú y le disparó tres veces. Fue trasladado a su piso privado en el Kremlin y se negó a ir al hospital, temiendo que otros asesinos le estuvieran esperando allí. Los médicos que acudieron a su lecho no lograron extraer la bala que había penetrado en su hombro y se había alojado en su cuello, que estaba demasiado cerca de la columna vertebral para intentar operarlo con las técnicas disponibles en Rusia en aquel momento. El 25 de septiembre, Lenin fue considerado transportable y trasladado a Vishnie Gorki para continuar su convalecencia' .

Fanny Kaplan fue interrogada por la Cheka y ejecutada sin juicio cinco días después de su intento de asesinato. Como reacción, el Consejo de Comisarios del Pueblo promulgó el decreto por el que se instituía el Terror Rojo. A partir de entonces, la Cheka quedó liberada de toda consideración jurídica: tras la represión de los S-R de izquierda y la ejecución de la familia imperial, que habían marcado las primeras etapas de la represión política, una campaña de terror sin precedentes se extendió por todo el país, causando rápidamente decenas, incluso centenares de miles de muertos entre los enemigos, reales o supuestos, del régimen. Actuando de forma totalmente arbitraria, la Cheka multiplicó las detenciones y las torturas. El sistema de campos de concentración -el primer campo apareció pocos meses después de la revolución- se desarrolló rápidamente y los centros de detención se multiplicaron' .

Durante los dos meses que marcaron el apogeo del Terror Rojo (septiembre y octubre de 1918), la Cheka se cobró entre 10.000 y 15.000 víctimas. Lenin, por su parte, apoyó plenamente a la Cheka, calificando de "chismes pequeñoburgueses" las críticas que se le hacían dentro del Partido; nunca cambió de posición, ni siquiera en las ocasiones en que apoyó sanciones contra algunos chekistas. La continuidad entre el sistema de campos de trabajo de la época de Lenin y el propio Gulag, nacido en la era estalinista, es objeto de debate; Moshe Lewin considera que el Gulag tiene un "vínculo orgánico con el sistema estalinista", mientras que Anne Applebaum presenta el Gulag como una prolongación natural de los campos de la Cheka, cuyos métodos fueron a su vez provocados y alimentados por el clima de extrema violencia que reinaba en la Rusia de la época. Para Dominique Colas, los campos de la época de Lenin fueron la primera forma del Gulag y señala que el artículo del Código Penal soviético más invocado para encerrar a la gente en los campos fue en su primera forma redactado por Lenin. Otros, como Jean-Jacques Marie y Jean Ellenstein, subrayan la anterioridad del Terror Blanco sobre el Terror Rojo: Como atestigua la primera, la declaración del general Kornílov en diciembre de 1917 en la que pedía la destrucción de media Rusia y el derramamiento de la sangre de tres cuartas partes de la población si era necesario para ganar la guerra civil; la segunda afirma: "el Terror Blanco, que comenzó en noviembre de 1917 con las masacres en el Kremlin, se reforzó en el transcurso de 1918; las ejecuciones sumarias, los asesinatos y la devastación se habían convertido en un hábito cotidiano. [Los bolcheviques habían permanecido bastante pasivos hasta agosto de 1918.

El intento de asesinato de Lenin también lo hizo más familiar para el pueblo ruso: hasta entonces, el público en general había sabido poco de Lenin más allá de los retratos oficiales, y el Partido empezó a crear un culto a la personalidad en torno al intento de asesinato. Su supervivencia fue presentada como un milagro, y la prensa bolchevique convirtió a Lenin en una figura semejante a Cristo, con poderes casi sobrenaturales. Se publicaron obras hagiográficas sobre Lenin, a veces comparables a vidas de santos. El propio Lenin no apreciaba la adulación cortesana, pero tampoco se oponía al desarrollo de este culto. Por el contrario, se prestó al juego y posó para esculturas y retratos oficiales, considerando que la difusión de su imagen era "útil e incluso necesaria" porque los campesinos rusos, a menudo analfabetos, tenían que "ver para creer" y necesitaban retratos para convencerse de que "Lenin existía". Por otra parte, Lenin fue demonizado por la propaganda de los Ejércitos Blancos, que lo presentaban como el principal responsable, junto con Trotsky, de una conspiración judía contra Rusia y toda la civilización".

Lenin volvió al trabajo a mediados de octubre de 1918, a pesar de que su salud seguía siendo precaria. Salía de caza por los alrededores de Moscú con otros dirigentes bolcheviques, pero sus salidas aumentaban su fatiga y sufría frecuentes dolores, que parecían ser consecuencia de leves problemas cardíacos. Lenin se impacientó aún más por ver realizada la revolución mundial antes de su muerte. Su relación con Nadezhda Krupskaya, ella misma cansada por sus problemas de salud, pareció deteriorarse durante su convalecencia, sobre todo porque Inessa Armand fue una de las primeras personas que visitó a Lenin tras el atentado. A pesar de sus problemas de salud, que le obligaron a permanecer en un sanatorio, y del peso de sus responsabilidades políticas, Lenin sacaba tiempo para discutir con sus adversarios políticos. Su viejo adversario Karl Kautsky publicó en 1918 un libro en el que criticaba la instauración de una dictadura política en Rusia y señalaba que la dictadura del proletariado que Lenin reivindicaba distaba mucho de la prevista por Marx, que rara vez había utilizado el término. Lenin reaccionó escribiendo un panfleto a finales de 1918 titulado *La revolución proletaria y el renegado Kautsky*, en el que arremetía contra Kautsky y reafirmaba que el socialismo sólo podría alcanzarse mediante medidas dictatoriales'. Durante 1919 Lenin siguió sufriendo frecuentes migrañas, insomnio y dolores cardíacos; consiguió relajarse durante el verano pasando tiempo con su hermano Dimitri, con quien se reencontró tras diez años de separación, pero su estado físico y psicológico siguió siendo deficiente.

El régimen bolchevique continuó su reorganización y, en enero de 1919, el Comité Central creó dos órganos de gobierno del Partido Comunista, el Politburó -del que Lenin era miembro- y el Orgburo. A pesar de la consolidación de la autoridad de los bolcheviques y de las medidas de terror, el descontento aún lograba expresarse en Rusia, sobre todo en los círculos obreros, donde estallaron varias huelgas: en marzo de 1919, el propio Lenin acudió a arengar a los obreros en huelga de las fábricas de Poutilov y fue abucheado con gritos de "¡abajo los paletos y los comisarios!". Pocos días después, la Cheka irrumpió en las fábricas y detuvo a 900 trabajadores. El 1 de abril estalló otra huelga obrera en Tula, bastión menchevique donde se encontraban las últimas fábricas de armas a disposición del gobierno soviético: Lenin encargó a Dzerzhinsky la tarea urgente de reprimir el movimiento.

En 1919, el Ejército Rojo recuperó la ventaja sobre los Ejércitos Blancos de Kolchak Denikin y Yudenich; los Blancos, al anular todos los decretos de octubre, se habían aislado del campesinado y no presentaban ningún proyecto político alternativo, mientras que los Rojos se beneficiaban tanto de enérgicos jefes militares como de un notable aparato de propaganda. En 1920, el último general blanco importante fue Wrangel, que continuó la lucha en Crimea. Tras completar la derrota de los Ejércitos Blancos, el régimen soviético derrotó al ejército anarquista ucraniano de Néstor Makhno, que inicialmente había sido su aliado contra los Blancos.

Escisión en el socialismo internacional

Una vez obtenida la victoria sobre el grueso de los Ejércitos Blancos, los bolcheviques consideraron que la revolución, llevada a cabo en un país tan "atrasado" como Rusia, sólo podía aspirar a conducir al socialismo si se extendía a los grandes países capitalistas desarrollados; Lenin retomó así su idea de crear una nueva Internacional, que sustituyera a la Segunda Internacional desacreditada por el apoyo de los partidos socialistas en la Primera Guerra Mundial. Con la capitulación del Imperio Alemán al final de la Primera Guerra Mundial, Lenin derogó el Tratado de Brest-Litovsk, liberándose de las consecuencias de la "paz obscena" concluida con los Imperios Centrales; la revolución socialista europea volvía a figurar entre sus objetivos inmediatos. En Alemania, una toma del poder revolucionaria proporcionaría a Rusia un aliado de primera clase: los líderes espartaquistas, Rosa Luxemburg y Karl Liebknecht, tenían poca proximidad política con Lenin, pero parecían ser los únicos aliados posibles. Los espartaquistas formaron el Partido Comunista de Alemania e intentaron una insurrección en Berlín, pero su golpe de fuerza fracasó y Rosa Luxemburg y Karl Liebknecht fueron asesinados. El fracaso de los comunistas alemanes aparece como un desastre desde el punto de vista de la revolución europea; en la perspectiva de la fundación de una Internacional, la tarea de Lenin se ve facilitada porque Rosa Luxemburg se oponía a este proyecto y habría podido contradecirle. El 2 de marzo de 1919 se celebró en Moscú el primer congreso de la Internacional Comunista (también conocida como *Tercera Internacional* o *Comintern)*, en presencia de un reducido número de delegados, de los que sólo cuatro procedían del extranjero: la organización, dirigida por Zinóviev, se situó desde el principio en la perspectiva de una revolución europea y tenía como objetivo la creación de partidos comunistas en todo el continente' .

Pocas semanas después de finalizar el I Congreso de la Internacional Comunista, y durante el VIII Congreso[e] del Partido Comunista, Lenin se entera de que la revolución acaba de estallar en Budapest: Béla Kun, líder de los comunistas húngaros, funda la República de los Consejos de Hungría. El rápido fracaso de esta revolución y el aplastamiento de la República de los Consejos en Baviera, que siguió a la derrota de los revolucionarios finlandeses el año anterior, convencieron a Lenin de la necesidad de coordinar mejor la acción de los partidos comunistas, organizando ramas de la Internacional en el extranjero.

En 1918, el ejército alemán en el este comenzó a retirarse hacia el oeste. Las zonas abandonadas por las potencias centrales se convirtieron en escenario de conflictos entre los gobiernos locales establecidos por los alemanes, otros gobiernos que surgieron de forma independiente tras la retirada alemana y los bolcheviques, que esperaban incorporar estas zonas a la Rusia soviética. En noviembre de 1918, Lenin ordenó al Ejército Rojo avanzar hacia el oeste, ocupando los territorios que abandonaban los alemanes. El objetivo era llegar a Europa Central, instalar gobiernos soviéticos en los nuevos países independientes de la región y apoyar las revoluciones comunistas en Alemania y Austria-Hungría. La situación internacional cambió radicalmente cuando Polonia, recién reconstituida e independiente, se opuso a la Rusia soviética y avanzó hacia el este para recuperar sus territorios orientales, anexionados por Rusia durante la partición de Polonia a finales del siglo XVIIIe . Józef Piłsudski, jefe del ejército polaco, creía que la seguridad de Polonia frente a Rusia podía garantizarse formando un bloque con territorio ucraniano; Polonia también recibió el apoyo de los países occidentales, que ahora estaban convencidos de que los Ejércitos Blancos no prevalecerían en Rusia y deseaban contener a los comunistas. La guerra polaco-soviética no empezó bien para los polacos, que subestimaron al Ejército Rojo y fueron empujados hacia atrás; las fuerzas soviéticas avanzaron entonces hacia Varsovia. A finales de 1919, las victorias militares de los bolcheviques y la multiplicación de los intentos revolucionarios en el extranjero hicieron sentir a Lenin que había llegado el momento de "sondear Europa con las bayonetas del Ejército Rojo" para extender la revolución hacia el oeste por la fuerza. A sus ojos, Polonia parecía ser el puente que el Ejército Rojo debía cruzar para establecer el vínculo entre la Revolución Rusa y los partisanos comunistas de Europa Occidental. Fue en esta época, en mayo de 1920, cuando Lenin escribió su última obra importante, *La enfermedad infantil del comunismo ("izquierdismo")*, en la que respondía a las críticas de la "izquierda comunista" sobre sus métodos de gobierno: Por una parte, afirma, basándose en el éxito de los bolcheviques en Rusia, que la revolución sólo puede esperar imponerse bajo el mando de un partido; por otra parte, suaviza el radicalismo revolucionario de los "izquierdistas" preconizando una acción adaptada a las situaciones de los distintos países y que utilice razonablemente los sindicatos y los parlamentos.

El segundo congreso de la Internacional Comunista, al que esta vez asistieron 200 delegados de 35 países, se celebró del 19 de julio al 9 de agosto de 1920, en un ambiente apoteósico, ya que el Ejército Rojo parecía estar en condiciones de vencer en Polonia y de extender la revolución al extranjero. Lenin y Trotsky, en posición de fuerza, impusieron 21 condiciones para la admisión en la Internacional Comunista, destinadas a reforzar la unidad de doctrina de los partidos comunistas y que convertían a la Rusia soviética en la única autoridad de la organización' : todos los partidos comunistas deben adoptar como modo de funcionamiento interno el centralismo democrático, definido como una "disciplina férrea rayana en la disciplina militar" y una organización altamente jerarquizada en la que la dirección del partido goza de amplios poderes; todas las decisiones de los Congresos y del Comité Ejecutivo de la Internacional Comunista son "vinculantes" para ellos.

La derrota en Polonia y el reflujo de la ola revolucionaria

Sin embargo, las esperanzas de Lenin se desvanecieron ya en agosto de 1920, cuando el ejército polaco dio un vuelco a la situación militar e hizo retroceder a las tropas soviéticas. La derrota de Rusia en el conflicto con Polonia paralizó el intento de exportar la revolución. Lenin tuvo que reconocer la soledad internacional de la Rusia soviética y la falta de reacción del proletariado europeo, y en particular del proletariado polaco, del que esperaba un levantamiento. En el II Congreso de la III Internacional, el indio M.N. Roy abogó por que se reconociera la importancia de los movimientos orientales; Lenin consideraba que la revolución debía apoyarse en los movimientos independentistas dentro de los países colonizados, pero señaló que su opinión aún no era compartida por la mayoría de los comunistas europeos. Sin embargo, ante el fracaso de las revoluciones europeas, retomó su idea de volverse hacia la "retaguardia" del mundo occidental, explorando el papel de los movimientos orientales. En Rusia, Lenin seguía siendo enemigo del "asiatismo" (sinónimo de atraso), ya que a sus ojos el campesino ruso debía ser "europeizado" -es decir, modernizado- para salir de su semibarbarie. Sin embargo, consideró que el continente asiático podía desempeñar un papel clave en la globalización de la revolución, ya que albergaba a la mayoría de la población mundial, que luchaba por su emancipación. En su opinión, los "países atrasados" de Asia también podrían seguir una pauta histórica diferente a la de Rusia y saltarse la etapa del capitalismo para pasar directamente a un régimen soviético. En septiembre de 1920 se celebró en Bakú el "Primer Congreso de los Pueblos del Este", dirigido por Grigori Zinóviev, Karl Radek y Béla Kun; sin embargo, el congreso puso de manifiesto la falta de unidad de puntos de vista entre los comunistas occidentales y orientales, ya que estos últimos aún no habían conseguido que se reconociera el carácter específico de sus luchas' .

En marzo de 1921, un intento revolucionario en Alemania fracasó completamente; Lenin se enfureció al enterarse, después, de la forma desastrosa en que se había preparado el golpe comunista. Su prioridad ahora era poner los esfuerzos del movimiento comunista al servicio del Estado soviético, cuya organización política y territorial, como base de la futura revolución mundial, debía elaborarse' . A pesar del fracaso de la oleada revolucionaria en Europa, la tendencia leninista siguió planteando un importante desafío, no sólo a las democracias parlamentarias y los regímenes autoritarios de Occidente, sino también a la II Internacional y a la familia socialista y socialdemócrata en su conjunto: durante la década de 1920, los partidos socialistas de todo el mundo se escindieron, y los activistas probolcheviques formaron partidos comunistas afiliados a la III Internacional. Dentro del movimiento comunista, los conceptos de organización de Lenin se impusieron a los "izquierdistas": la izquierda comunista -y en particular la tendencia luxemburgista y consejista que se oponía a la dominación del partido y abogaba por el gobierno de los consejos obreros- fue marginada a partir de 1921. La teoría marxista tendía ahora a ser asimilada con la interpretación que Lenin hacía de ella, que incluía las justificaciones teóricas que proporcionaba para las fluctuaciones de su práctica política.

A nivel privado, Lenin también se vio profundamente afectado en septiembre de 1920 cuando Inessa Armand, por la que había conservado un gran afecto, murió de cólera. Permaneció cerca de la familia de su amiga y se aseguró de que sus hijos tuvieran todo lo que necesitaban.

Revueltas en Rusia y nueva política económica

Nuevos levantamientos contra los bolcheviques

A pesar de la victoria militar de los bolcheviques en Rusia y de la consolidación del régimen, el estado del país seguía siendo desastroso. La política del comunismo de guerra, si bien contribuyó a salvar el poder soviético, también llevó a la ruina a la economía del país, que sufrió un terrible declive: la producción industrial se hundió y la política de requisas impuso una sangría insoportable al campesinado. Estallan numerosas revueltas campesinas contra las autoridades soviéticas. El levantamiento más importante fue el de 1920 en la región de Tambov: este levantamiento ayudó a convencer a Lenin de que había que abolir el sistema de requisas agrícolas.

El Partido Comunista también tuvo que resolver los problemas tanto de la calidad de su reclutamiento como de la organización del país. En marzo de 1919, en el VIII Congreso del Partido[e] , se decidió proceder a una purga de elementos dudosos y aspirar en el futuro al reclutamiento de auténticos proletarios: unos 150.000 militantes fueron excluidos en los meses siguientes. Lenin inauguró así una tradición de "purgas" de elementos del

Partido, que más tarde sería retomada, a una escala mucho mayor, por Stalin. Sin embargo, éstas se llevaron a cabo sin violencia, a diferencia de las futuras prácticas de la era estalinista.

Los debates internos sobre la organización económica de Rusia también fueron muy animados: la corriente de la Oposición Obrera, dirigida en particular por Alexander Shliapnikov y Alexandra Kollontai, exigía que la gestión de la industria se confiara a los sindicatos, posición que Lenin denunció como propia del "anarcosindicalismo"; Trotsky, por su parte, quería fusionar los sindicatos con el aparato estatal y una gestión militarizada de la economía que dependiera más de los activistas de base que de la burocracia del Partido. Los debates se prolongaron durante meses; Lenin elaboró un texto de compromiso, que envió a la Oposición Obrera y a Trotsky de espaldas, criticando implícitamente a este último por haber permitido "la degeneración de la centralización y el trabajo militarizado en burocracia".

Mientras el Partido Comunista debatía y su décimo congreso debía inaugurarse el 8 de marzo de 1921, el régimen soviético se enfrentaba a un nuevo peligro con la revuelta de Kronstadt, un levantamiento armado de los marineros de la fortaleza que exigían un verdadero poder soviético, elecciones libres y libertad de prensa. En el seno del Comité Central, Lenin abogó por una represión despiadada del levantamiento, que Trotsky y Tukhachevsky se encargaron de aplastar .

Hambre y terror, luego recuperación económica en Rusia

Durante el X Congreso del Partido Comunista, que tuvo lugar al mismo tiempo que la represión de Kronstadt, Lenin hizo adoptar el principio de la transición a una Nueva Política Económica (NEP). Esta reforma, que Lenin logró imponer gracias a la situación de emergencia de Rusia, tomó la dirección opuesta a la del comunismo de guerra: se tradujo en la liberalización del comercio exterior y la autorización de la creación de pequeñas empresas privadas. Lenin restauró así una forma de "capitalismo de Estado", en este caso una dosis limitada de economía de mercado, regulada por el Estado y socializada gradualmente a través de cooperativas. Pretendía así asegurar la transición de Rusia al socialismo, ya que la economía del país no estaba, en su opinión, lo suficientemente desarrollada como para pasar directamente a esta fase. El propio Lenin expresó sus dudas sobre las consecuencias de la NEP, que temía condujera al desarrollo de una nueva clase de capitalistas, pero seguía convencido de que la reintroducción de una medida de capitalismo era un paso indispensable para Rusia antes de que pudiera alcanzar el socialismo. Dentro del movimiento comunista, la NEP no pasó desapercibida -varios miles de militantes abandonaron el Partido-, lo que llevó a Lenin a aprobar una resolución prohibiendo todas las fracciones dentro del Partido Comunista Ruso. Una segunda resolución condenaba los puntos de vista de la Oposición Obrera sobre los sindicatos y el control obrero, que Lenin -que había adoptado posiciones similares en 1917- calificaba de desviación del marxismo; la resolución adoptada por el Partido afirmaba que "el marxismo enseña que sólo el partido político de la clase obrera, es decir, el Partido Comunista, es capaz de agrupar, educar y organizar a la vanguardia del proletariado y a todas las masas trabajadoras (.... y dirigir todas las actividades unificadas del proletariado". Las ideas de Lenin sobre el papel dirigente del Partido fueron así institucionalizadas y elevadas al rango de componente del pensamiento marxista, mientras que la oposición dentro del Partido perdió la posibilidad de expresarse. Al Décimo Congreso siguió también la eliminación definitiva de los mencheviques, cuyas propuestas tenían gran parecido con la NEP adoptada ahora por Lenin‴. El historiador Nicholas Riasanovsky cree que la adopción de la NEP por Lenin demostró las cualidades de un "estadista realista", a pesar de la considerable oposición doctrinal a la que se enfrentó dentro del Partido. La introducción de la NEP también contribuyó a poner de relieve la burocracia del Estado soviético, lo que hizo que Lenin se preocupara por combatir las malas prácticas y la parálisis administrativa.

A pesar del giro que supuso la NEP, el régimen soviético siguió aplicando políticas represivas a gran escala.

Cientos, incluso miles, de rebeldes de Kronstadt hechos prisioneros fueron ejecutados sin juicio o enviados a campos de concentración. Tras el aplastamiento de Kronstadt, Lenin envió a Tukhachevsky y Antonov-Ovseïenko a aplastar la revuelta de Tambov: la represión afectó no sólo a los rebeldes sino también a sus familias; el Ejército Rojo utilizó gas asfixiante para vencer a la población campesina sublevada. La Cheka, bajo las órdenes de Dzerzhinsky, elegido especialmente por su nacionalidad polaca y su odio a los rusos, multiplicó las detenciones de mencheviques, socialistas-revolucionarios y anarquistas'. Se lanzó una cacería de nobles y burgueses por toda Rusia. De todos los opositores reprimidos, Lenin sentía un odio especial por los miembros de otros movimientos socialistas. Sin embargo, a pesar de las violentas polémicas que les oponían, conservó el afecto por su antiguo amigo Mártov, que sólo fue puesto bajo arresto domiciliario por la Cheka. En el invierno de 1919-1920, cuando Lenin supo que su rival en el POSDR estaba muy enfermo, ordenó que enviaran a su cabecera a los mejores médicos de Moscú.

Antes de que pudieran ponerse en práctica las políticas de la NEP, la Rusia soviética sufrió a partir de 1921 una hambruna atroz, causada no sólo por la sequía, sino también por la destrucción de las capacidades productivas del campo, víctimas de la violencia y las requisas. Para combatir la hambruna, Lenin abogó por la restauración inmediata de las estructuras responsables de la requisa, a pesar de su papel en el desencadenamiento del desastre. La hambruna afecta sobre todo a la región del Volga y, según Dominique Colas, le preocupa especialmente porque a largo plazo podría afectar a la clase obrera. Lenin tuvo que aceptar que Rusia se beneficiaría de la ayuda exterior, especialmente de Estados Unidos; sin embargo, ordenó a la Cheka que espiara a la comisión estadounidense enviada a Moscú para organizar la ayuda.

La hambruna también dio a Lenin la oportunidad de lanzar una campaña masiva contra el clero ruso. Habiendo prescrito el Patriarca de la Iglesia Ortodoxa que todos los objetos de valor de las iglesias, a excepción de los objetos consagrados, fueran donados para ayudar a las víctimas de la hambruna, Lenin ordenó su confiscación general. La oposición de la Iglesia y de los fieles dio la señal para una represión violenta. Afirmando que el clero estaba a punto de volverse contra el poder soviético, Lenin escribió en un documento secreto dirigido a los miembros del Politburó que el contexto de la hambruna permitiría "llevar a cabo la confiscación de los tesoros de la iglesia con la energía más salvaje y despiadada", lo que implicaba "la ejecución del mayor número posible de representantes del clero reaccionario y de la burguesía reaccionaria (...) Cuanto mayor sea el número de ejecuciones, mejor". Casi ocho mil clérigos rusos fueron asesinados en 1922, mientras las iglesias eran saqueadas. El ateísmo, ya apoyado por la propaganda antirreligiosa de los bolcheviques, se convirtió en un componente decisivo de la ideología estatal soviética.

Aunque las políticas de terror se mantienen, tienden a relajarse a partir de entonces. Durante el período de la NEP -y más allá del enriquecimiento de una nueva clase de especuladores y burócratas- la población en su conjunto deja de sufrir el terror y el hambre, y tiende a volver a unas condiciones de vida normales. La NEP fue un éxito, revirtió la hambruna y permitió a la economía rusa una notable recuperación. Tras el punto álgido de la guerra civil, el número de prisioneros internados en los campos descendió bruscamente a 25.000, un tercio de la población carcelaria de Rusia. Moshe Lewin sostiene que "quienes han estudiado el funcionamiento de la justicia y las prácticas penitenciarias en la década de 1920 (periodo de la NEP) saben que el campo fue diseñado para ser una práctica más humana que las 'jaulas' llamadas prisiones. Este lugar de condiciones de trabajo casi normales se consideraba la mejor manera de reeducar y rehabilitar", estas concepciones "liberales" no acabaron hasta los años treinta. Anne Applebaum señala que, junto a los campos de "reeducación", existían otros campos con un régimen "especial" mucho más duro, dirigidos por los servicios de seguridad -la Cheka y, más tarde, su sucesor, el Guepeu- en condiciones perfectamente arbitrarias; ambos sistemas de campos se fusionaron posteriormente, prevaleciendo el segundo sobre el primero. Durante el período de la NEP, el propio Lenin siguió abogando por medidas represivas radicales, tanto contra los opositores como contra los "saboteadores", "espías" y aprovechados que podían encontrarse incluso en el Partido. Frente a los abusos de la burocracia del Partido y los enemigos supuestamente infiltrados, abogó por la "purga por el terror: justicia sumaria, ejecución sin sentencias".

El propio Lenin, dentro del Partido Comunista, no ocupó más cargos oficiales que los de miembro del Comité Central y del Politburó. Al considerar necesario nombrar a un organizador que le ayudara a controlar el aparato del Partido y a aplicar la NEP, recurrió a Stalin; en marzo de 1922, en el XI Congreso[e], apoyó el nombramiento de Stalin como Secretario General del Comité Central del Partido Comunista, creado para la ocasión. Esta posición aparentemente técnica permitió a Stalin controlar los nombramientos de los cuadros, asegurándose así un fuerte apoyo y reforzando su influencia en el Partido[.] .

Formación de la URSS

Hasta 1920, Lenin seguía creyendo en la exportación de la revolución a Occidente. Los sucesivos fracasos de las revoluciones en Finlandia, Alemania, Hungría y Baviera, y la derrota en Polonia, le llevaron a reconocer el aislamiento de la Rusia soviética. Para asentar la revolución a largo plazo, era necesario organizar el territorio del que disponía, lo que significaba recomponer lo que la política de autodeterminación, que no había logrado controlar, había roto. Entre 1918 y 1922, la mayoría de los antiguos territorios imperiales separados a raíz de la revolución y la guerra civil se reunificaron en un proceso complejo, pasando de la fase de autodeterminación - duradera o efímera - a fases de reagrupamiento en un marco federal, las más de las veces improvisado según las circunstancias y la evolución de las relaciones de poder.

El marco federal se convirtió rápidamente en la mejor solución para organizar el espacio del Estado revolucionario y tratar de evitar la desintegración provocada tanto por la posibilidad de autodeterminación como por el contexto de guerra civil e intervención extranjera. En julio de 1918, con la adopción de la Constitución de la República Socialista Federativa Soviética de Rusia (RSFSR), se estableció el marco federal para Rusia, aunque la constitución no era muy precisa sobre el contenido y el funcionamiento de la federación.

Durante cuatro años, la federación se desarrolló siguiendo dos procesos. Por un lado, la entrada en Rusia de repúblicas o regiones autónomas. Por otro lado, una serie de alianzas bilaterales entre Rusia y las repúblicas soviéticas vecinas, oficialmente independientes, donde los bolcheviques locales habían tomado el poder durante la guerra civil (Ucrania y Bielorrusia, y en el Cáucaso, Azerbaiyán y Armenia). Un complejo sistema de tratados vinculó gradualmente a estas repúblicas con la RSFSR reduciendo sus ámbitos de competencia. En el Cáucaso, el caso de Georgia, que deseaba conservar su independencia y donde los mencheviques locales estaban en el poder, resultó más complejo. Presionado por Ordzhonikidze y Stalin para utilizar la fuerza, Lenin vaciló, temiendo en particular una reacción británica que pusiera en peligro la situación internacional de la RSFSR; sin embargo, finalmente fue persuadido para que accediera. En febrero de 1921, el Ejército Rojo invadió Georgia, que fue rápidamente sovietizada como las otras dos repúblicas caucásicas.

La reconquista de Georgia, y por tanto la garantía de los intereses territoriales de Rusia, se produjo a costa de acuerdos implícitos con diversas potencias. Lenin, que quería sacar a Rusia de su aislamiento, también se benefició diplomáticamente, pero a costa de la expansión de la revolución. Los británicos aceptaron el control ruso del Cáucaso (una región crucial tanto geográficamente como por sus materias primas) a cambio de que cesara el apoyo soviético a los intentos revolucionarios en Occidente; el gobierno turco de Mustafa Kemal también hizo la vista gorda a condición de que el gobierno de Lenin dejara de apoyar no sólo a Enver Pasha, rival de Kemal, sino también a los comunistas turcos.

La necesidad de organizar mejor la economía soviética aprovechando al máximo los recursos existentes llevó a Lenin a fomentar las agrupaciones regionales: esto provocó, sin embargo, una nueva crisis en el Cáucaso, debido a la reticencia de los dirigentes comunistas de la RSS de Georgia. Lenin confió a Ordzhonikidze la tarea de reorganizar la Transcaucasia, lo que hizo unilateralmente y a menudo con brutalidad, y delegó la supervisión del asunto caucásico en Stalin, cuyas decisiones apoyó al principio. Las continuas dificultades en el Cáucaso y Ucrania impulsaron a Lenin a acelerar el proceso de federalización; en el X Congreso del Partido, Stalin esbozó el proyecto de una federación, cuyo modelo sería la República Federal de Rusia, que más tarde serviría también de modelo para una federación mundial de Estados socialistas. El 10 de agosto de 1922 se creó una comisión presidida por Stalin para desarrollar el proyecto de Estado federal. Un mes más tarde, presentó su proyecto, cuyo principio, denominado "autonomización", implicaba en realidad la absorción de las demás repúblicas soviéticas por la RSFSR, cuyo gobierno pasaría a ser el de la federación. Los georgianos y los ucranianos impugnaron el proyecto; Lenin, temporalmente distraído por una enfermedad, se enteró a finales de mes y pidió a Stalin que revisara su proyecto. En opinión de Lenin, las repúblicas iguales debían estar unidas en una federación, no dominada por Rusia: el Estado federal debía tener, por tanto, sus propios órganos de gobierno, que supervisarían a las repúblicas. Stalin, aunque deploraba el "liberalismo nacional" de Lenin, se plegó a los deseos de éste y presentó un nuevo proyecto, que fue aprobado por el Comité Central el 6 de octubre. Sin embargo, los georgianos siguieron expresando sus reticencias, la principal de las cuales fue su negativa a integrar la Unión como un simple elemento de la República Socialista Federativa Soviética Transcaucásica, en la que Georgia se había integrado junto con Armenia y Azerbaiyán. Las discusiones de los comunistas georgianos con Ordzhonikidze fueron tan acaloradas que éste acabó golpeando a uno de sus interlocutores. Al principio, Lenin acogió las peticiones de los georgianos con escepticismo, pero finalmente exigió que se le informara plenamente del asunto. Escandalizado por lo que supo de los excesos de Ordzhonikidze, de cuyo lado se había puesto inicialmente, se mostró cada vez más preocupado por el comportamiento de Stalin y sus aliados, y comenzó a revisar la política nacional a la luz del asunto. En diciembre de 1922, a pesar del deterioro de su salud -tuvo varios ataques de apoplejía en el transcurso del mes-, Lenin intentó recuperar el control de la situación. Deplorando que la cuestión nacional se confiara a personas que se comportaban como "brutos burocráticos", redactó notas para el futuro congreso del Partido, previsto para marzo de 1923: se reconocía "gravemente culpable" de no haber tratado él mismo la autonomización en el seno de la Unión, lo que corría el riesgo de entregar las minorías a un "producto cien por cien ruso, el chovinismo gran ruso, que caracterizaba a la burocracia rusa". Lenin, que hasta entonces había considerado a los comunistas internacionalistas por definición, se vio obligado a reconocer que los comunistas -incluso los procedentes de minorías, como Stalin y Ordzhonikidze, que eran ellos mismos georgianos- podían comportarse como "ultranacionalistas rusos".

La preocupación de Lenin no frenó el curso de los acontecimientos, como tampoco lo hizo la adopción por el Politburó del texto sobre los Principios Básicos de la Unión. El 30 de diciembre de 1922, un tratado dio origen a la Unión de Repúblicas Socialistas Soviéticas, que unió las Repúblicas Socialistas Soviéticas de Rusia, Ucrania, Bielorrusia y Transcaucasia' . Lenin, aquejado de una muela, no asistió a la firma del tratado; el mismo día, anunció en una carta a Kámenev su intención de declarar una guerra "a muerte" al "chovinismo ruso".

Enfermedad y muerte

Deterioro de la salud

A mediados de 1921, Lenin estaba mental y físicamente agotado. Aquejado aún de migrañas e insomnio, había sufrido varios infartos y cada vez le resultaba más difícil hacer frente a su carga de trabajo: varios médicos, entre ellos especialistas extranjeros, fueron llamados para examinarle, pero no pudieron ponerse de acuerdo en un diagnóstico. En junio, el Politburó ordenó a Lenin que se tomara un mes de descanso y éste regresó a Gorki. A pesar del deterioro de su salud, Lenin continuó siguiendo los asuntos de Estado; insistió en la necesidad de aplicar una política de terror contra los opositores. Más allá de la represión de los campesinos sublevados en Tambov, preconizó a principios de 1922 la extensión del terror a todas las amenazas reales o potenciales al poder soviético, ya se tratara de actuar contra el clero en las zonas rurales o de organizar juicios públicos contra los socialistas-revolucionarios y los mencheviques. Lenin no obtuvo satisfacción en todos los puntos: el juicio de los dirigentes mencheviques no se organizó, pero el de los S-R sí tuvo lugar, sin que, no obstante, desembocara en condenas a muerte, como Lenin había esperado. En el plano internacional, se mantuvo informado de las negociaciones en curso en Génova y Rapallo tras haber renunciado, por razones de seguridad y salud, a acudir en persona a la conferencia de Génova. El 19 de mayo de 1922, pidió a Felix Dzerzhinsky que la Cheka elaborara una lista de intelectuales sospechosos de simpatizar con la "contrarrevolución", con vistas a expulsarlos de Rusia.

Cada vez más preocupado por su salud, Lenin llegó a plantearse el suicidio en caso de quedar inválido; pidió a Stalin que le proporcionara veneno en esta eventualidad. El 23 de abril de 1922, por consejo de uno de los médicos alemanes que acudieron a su cabecera, fue operado para extraerle la bala que llevaba alojada cerca del cuello desde el atentado de 1918. La operación fue bien, pero el 25 de mayo Lenin sufrió un derrame cerebral. Su lado derecho quedó hemipléjico y también tenía dificultades para hablar. Se sometió a más exámenes para averiguar la causa de su enfermedad; una prueba de sífilis dio negativo. Lenin se recuperó gradualmente en la mansión Gorki y continuó manteniéndose informado del trabajo del Politburó y del Sovnarkom, especialmente a través de Stalin, que le visitaba regularmente.

En julio, su estado parece mejorar algo. Pregunta a Stalin por la expulsión de Rusia del S-R, los mencheviques y el KD. Una nueva enfermedad el día 21 provoca una parafasia que dura varios días. En septiembre, su capacidad de trabajo aumentó; recibió muchas visitas y siguió los trabajos de la comisión encargada de redactar el proyecto de creación de la Unión de Repúblicas Socialistas Soviéticas. A finales de septiembre, Lenin recibió de sus médicos la autorización para reanudar sus funciones. A finales de septiembre, Lenin recibió permiso de sus médicos para volver al trabajo. Regresó a su despacho en el Kremlin el 2 de octubre, pero muy pronto sobrepasó los límites de la carga de trabajo prescrita por los médicos. Al mismo tiempo, su relación con Stalin se deterioró: Lenin mostraba una irritación cada vez mayor con el Secretario General del Partido, a quien antes había considerado un colaborador de confianza y que había sido uno de sus principales visitantes durante su convalecencia en Gorki. En el plano humano, Stalin le parecía un personaje vulgar y poco inteligente; en el plano político, Lenin estaba preocupado por sus manifestaciones de "chovinismo gran ruso" en el contexto del asunto georgiano y del proyecto de federación. También se opuso al plan de varios dirigentes comunistas, incluido Stalin, de debilitar o abolir el monopolio estatal del comercio exterior en el marco de la NEP' .

Lenin siguió pidiendo la expulsión de los intelectuales "burgueses" de Rusia y le irritaba que la Cheka tardara en llevar a cabo sus demandas. A Máximo Gorki, que le escribió para protestar contra esta medida, Lenin le respondió que "los intelectuales, lacayos de la burguesía", no eran, como ellos creían, el "cerebro de la nación" sino, en realidad, "su mierda". En noviembre, Lenin asistió al IV Congreso de la Comintern: apareció físicamente marcado, se expresó con menos soltura que antes y se mantuvo alejado de los debates.

Intento de ruptura con Stalin

En cuanto a la vida interna del Partido Comunista, Lenin se escandalizó, cuando reanudó su trabajo en otoño, por la amplitud de las rivalidades personales entre los dirigentes bolcheviques y por la proliferación de órganos administrativos inútiles. La lucha contra la burocracia se convirtió gradualmente en una prioridad para él. El papel de Stalin y su entorno -en particular Ordzhonikidze, por su brutalidad durante la crisis georgiana- parecía cada vez más perjudicial. Pero la salud de Lenin volvió a deteriorarse y le impidió tomar medidas concretas; entre el 24 de noviembre y el 3 de diciembre de 1922, sufrió varias enfermedades. A mediados de diciembre, sus médicos le prescribieron reposo absoluto.

Lenin mandó llamar a su secretaria Lidia Fotieva y empezó a dictarle cartas para dar a conocer sus posiciones a diversas personalidades bolcheviques, entre ellas Trotsky. De hecho, ante el creciente poder de Stalin, Lenin consideró ahora la posibilidad de encontrar un aliado en la persona de Trotsky, que compartía sus posiciones sobre el monopolio del comercio exterior, y a quien encargó que hablara en su nombre en el siguiente Pleno del Comité Central. Al mismo tiempo, el estado físico de Lenin volvió a deteriorarse: el 16 de diciembre, un nuevo ataque le privó temporalmente del uso de la pierna y el brazo derechos. El 18 de diciembre, el Comité Central encomendó a Stalin la tarea de cuidar a Lenin y asegurarse de que seguía los consejos de sus médicos; Stalin, argumentando que el cuerpo médico había dado órdenes, prohibió a Lenin realizar cualquier actividad y ordenó a quienes le rodeaban que no le comunicaran ninguna información o documento y que no escribieran bajo su dictado. Lenin sospechaba que Stalin le ocultaba información deliberadamente y que él mismo era la fuente de las órdenes cautelares de los médicos. Lenin estaba al cuidado de su hermana María y de su esposa Nadezhda Krupskaya, que le mantenían informado de los últimos acontecimientos y transmitían sus mensajes a diversos dirigentes. El 22 de diciembre, Stalin se enteró de que Krupskaya había transmitido una carta dictada por Lenin a Trotsky; entonces telefoneó a la esposa de Lenin y la insultó', amenazándola en particular con encontrarle un sustituto.

En la noche del 22 al 23 de diciembre, el estado de Lenin volvió a empeorar. No obstante, los días 23 y 24 de diciembre comenzó a dictar una "carta al congreso", que más tarde sería conocida como "el testamento de Lenin". En este texto, que pensaba hacer leer o presentar él mismo en el XIIᵉ Congreso del Partido Comunista -previsto para la primavera de 1923-, Lenin pasaba revista a varios problemas inherentes a la organización del Partido y subrayaba los puntos fuertes y débiles de varias personalidades -Stalin, Trotski, Zinóviev, Kámenev, Bujarin y Piatakov-, cada una de las cuales podía ser llamada a convertirse en el principal dirigente de la Unión Soviética. No obstante, se abstuvo de designar explícitamente a su propio "sucesor" y dejó libertad de elección al Comité Central. El "testamento" insiste en particular en la rivalidad entre Trotski y Stalin, subrayando que este último había concentrado "un inmenso poder en sus manos", del que "no estaba seguro de saber utilizarlo siempre con suficiente prudencia".

El 4 de enero de 1923, tal vez tras ser informado de los insultos de Stalin a su esposa, añadió una adenda a su carta al congreso en la que criticaba al secretario general por ser "demasiado grosero" (o "demasiado brutal", según la traducción) y abogaba por sustituirlo por alguien "más paciente, más leal, más educado y más considerado con los camaradas".

Durante los meses siguientes, Lenin se esforzó por expresar sus puntos de vista en todos los ámbitos, con vistas a que sus opiniones fueran tenidas en cuenta en el siguiente congreso. En sus últimos artículos, publicados en enero y marzo de 1923, abordó las cuestiones de la burocracia y la organización del aparato político. Abogó por una "revolución cultural": no se trataba de transformar la cultura heredada de la burguesía, sino de utilizar la alfabetización para transformar la URSS y avanzar hacia el socialismo. Esta "revolución cultural" es muy diferente de la iniciada en China en 1966 y conocida como la Gran Revolución Cultural Proletaria. Lenin también pretendía resolver la cuestión de las competencias del Partido y del Estado y preveía situar al Partido en el centro del sistema político. Frente a los problemas del socialismo ruso, la solución no le parecía estar en la introducción de una forma de poder popular, sino en el fortalecimiento de los órganos del Partido. Para ello, abogó por la reorganización de la *Rabkrin* (Inspección de Obreros y Campesinos), encargada de supervisar toda la administración, reduciéndola a un reducido número de funcionarios encargados de controlar tanto al Partido como al Estado. Aunque consciente de los excesos burocráticos del aparato estatal soviético, Lenin seguía depositando sus esperanzas en el Partido׳.

La evolución del pensamiento de Lenin durante los últimos meses de su vida, cuando tomó conciencia del peligro que representaba Stalin y emprendió la lucha contra la burocracia, ha sido objeto de interpretaciones divergentes por parte de los historiadores. Para Moshe Lewin, la consideración por Lenin de la dimensión humana de la historia representa una importante evolución de su pensamiento y, de haber vivido, la historia de la URSS habría cambiado radicalmente. Hélène Carrère d'Encausse, aunque califica de "estimulante" el estudio de Moshe Lewin, no está tan convencida y subraya que las soluciones propuestas por Lenin para luchar contra el burocratismo son en sí mismas muy burocráticas y que, aunque es innegable que Lenin tuvo más en cuenta el factor humano -descubriendo incluso el "humanismo"-, se mantuvo no obstante apegado a su concepción del papel dirigente del Partido; Para ella, Lenin finalmente "apenas cambió" en el umbral de la muerte' . El historiador Nicolas Werth también señala que Lenin, a pesar de la evolución de su pensamiento durante los últimos meses de su vida, nunca cuestionó el uso de la violencia. El sovietólogo Archie Brown juzga que a Lenin no le preocupa la naturaleza dictatorial de los poderes que ostenta Stalin, sino el hecho de que sea Stalin quien los ostente. El historiador y politólogo Dominique Colas, que cuestiona la cronología de los últimos escritos de Lenin, considera que no había ningún deseo por parte de Lenin de aliarse con Trotski contra Stalin y que, en cualquier caso, todos los dirigentes comunistas estaban de acuerdo en mantener la posición hegemónica del partido.

Durante su enfermedad, Lenin se enteró de que Mártov, exiliado en Berlín, se estaba muriendo. Preguntó varias veces por la suerte de su antiguo camarada, llegando a preguntarle si era posible ayudarle económicamente para que se pusiera mejor, y lamentando la ruptura de su amistad.

No se sabe cuándo descubrió Lenin el comportamiento de Stalin hacia Krupskaya: tal vez se enteró a finales de diciembre de 1922, lo que le habría impulsado a escribir su apéndice al "testamento"; sin embargo, no hay certeza al respecto. Sólo después de varios meses reaccionó explícitamente a este episodio: el 5 de marzo de 1923 envió a Stalin una carta de queja, en la que le reprochaba haber insultado a su esposa y le exigía una disculpa so pena de romper toda relación entre ellos. Al día siguiente, envió a Trotsky sus notas sobre el dossier georgiano y le encargó que planteara esta cuestión en su nombre ante el Comité Central; también envió a los georgianos una nota en la que les anunciaba su apoyo. Pero el 10 de marzo, antes del XII Congreso del Partido[e] que podría haber resultado decisivo en el enfrentamiento con Stalin, Lenin sufrió un nuevo ataque que le dejó paralizado e incapaz de hablar con claridad.

Últimos meses

En el XII congreso de^e en abril de 1923, Trotsky anunció que estaba en posesión de las notas de Lenin sobre la cuestión nacional, pero Stalin le dio la vuelta a la tortilla acusándole de ocultar documentos al Partido, arruinando así el esfuerzo de Lenin por estar presente a través de Trotsky. Trotsky, colocado en la posición de acusado, mantuvo la boca cerrada durante el congreso y no hizo uso de las notas de Lenin, mientras que Bujarin, que había intentado contrarrestar a Stalin, finalmente se rindió y apoyó a este último' . Durante el mismo congreso, Kámenev y Zinóviev hicieron un panegírico del pensamiento de Lenin. Hasta entonces, el líder de los bolcheviques había sido objeto de críticas por parte de otros cuadros del partido. Con Lenin ahora marginado por enfermedad, ensalzar los méritos del "leninismo" como ideología oficial del Partido empezó a convertirse en una forma de que cada uno de los líderes comunistas afirmara su propia legitimidad.

A mediados de mayo, Lenin es considerado transportable y llevado a la mansión Gorki. Todavía capaz de hacerse entender, pidió veneno a su esposa y a su hermana, pero las dos mujeres, que esperaban que se recuperara, se negaron. La presencia de Preobrazhensky, convaleciente en la zona, le ayuda a relajarse. En julio, a petición suya, Lenin fue trasladado a Moscú, donde visitó sus pisos en el

Kremlin. Esta fue su última salida. En la tarde del 21 de enero de 1924, sucumbió a otro derrame cerebral. Un comunicado oficial de las autoridades soviéticas anunciaba: "Ya no está con nosotros, pero su obra permanece".

Las causas exactas de la enfermedad y muerte de Lenin han sido objeto de diversas hipótesis, en parte derivadas de las expuestas por sus diversos médicos de la época. Estos últimos mencionaron como posibilidades el envenenamiento por el plomo contenido en la bala disparada por Fanny Kaplan, que permaneció alojada en el cuello de Lenin durante más de tres años; algunos también consideraron que la operación necesaria para extraer la bala del cuello de Lenin había causado daños irreparables. Por último, se ha planteado la posibilidad de aterosclerosis cerebral. La hipótesis de que Lenin murió de sífilis fue invalidada por una prueba de la época, pero más tarde fue retomada por sus adversarios políticos para dar a entender que el líder soviético llevó una vida disoluta. Sin embargo, en un estudio publicado en 2004 se consideró creíble, basándose en diagnósticos póstumos. También han circulado otros rumores, como el mencionado por el propio Trotsky de que Stalin había envenenado a Lenin. En 2013, un equipo ruso-estadounidense de médicos concluyó, basándose en los documentos disponibles, que Lenin probablemente murió de aterosclerosis, que podría haber sido causada por una anomalía genética. La hipótesis es tanto más creíble

cuanto que el padre de Lenin, así como su hermano
Dmitri y sus hermanas Anna y Maria, murieron todos de
problemas circulatorios.

Culto dentro del movimiento comunista

Inmediatamente después de la muerte de Lenin, el Politburó ordenó que su cuerpo fuera puesto en hielo hasta que se encontrara la mejor manera de conservarlo. Durante un tiempo se pensó en la criogenización, pero finalmente el cuerpo fue embalsamado y expuesto al público en un mausoleo de la Plaza Roja de Moscú, a pesar de las protestas de Krupskaya.Tras su muerte, Lenin fue utilizado como icono por el régimen soviético; se le dedicaron monumentos y se rebautizaron muchos lugares en su honor: Petrogrado (antes San Petersburgo) pasó a llamarse *Leningrado*; Simbirsk, su lugar de nacimiento, pasó a llamarse Ulyanovsk, mientras que Vishny Gorky, donde murió, pasó a llamarse Gorky Leninskie. La imagen de Lenin se hizo omnipresente: estatuas, bustos, frescos y diversos monumentos dedicados a Lenin se convirtieron en parte importante del paisaje soviético y más tarde se extendieron a otros regímenes comunistas. Libros, sellos, fotografías y películas están dedicados a él. La literatura propagandística tiende a hacer de Lenin una especie de santo: Máximo Gorki lo presenta como "un héroe legendario, un hombre que se arrancó del pecho su corazón ardiente para alzarlo como una antorcha e iluminar el camino de los hombres".

En el plano ideológico, el pensamiento de Lenin se erigió inmediatamente en referencia política insuperable. Dos días después de la muerte de Lenin, el gobierno soviético publicó el folleto *Lenin y el leninismo*, Los dirigentes soviéticos inmediatamente después de la muerte de Lenin se apresuraron a reivindicar la herencia intelectual de Lenin, a menudo de forma contradictoria y en el contexto de sus respectivas rivalidades. En enero de 1924, Trotsky publicó el folleto *Cours nouveau* (una colección de artículos publicados a finales de 1923), en el que se declaraba leninista para atacar el burocratismo del aparato y apoyar su teoría de la revolución permanente. Entre abril y octubre de 1924, Stalin pronunció una serie de conferencias, recogidas posteriormente en el folleto *Los principios del leninismo*: el Secretario General del Partido presentó una síntesis del pensamiento de Lenin, que sistematizó en un todo coherente, simplificando de paso sus concepciones marxistas, y del que hizo una doctrina obligatoria para todo el movimiento comunista, lo que le permitió entronizarse como guardián de la ortodoxia. En 1925, Zinóviev publicó un panfleto titulado *Leninismo*, destinado principalmente a denunciar a Trotski. Los miembros de la Oposición de Izquierda, que incluye a los partidarios de Trotsky y a varios opositores a Stalin, se autodenominan "bolcheviques-leninistas". Bujarin y Kámenev también participaron en la promoción del leninismo como ideología de referencia. La viuda de Lenin y sus dos hermanas contribuyeron al mantenimiento de su memoria, que se transformó en el discurso oficial en una devoción casi religiosa; María, en particular, publicó reminiscencias hagiográficas y a menudo fantasiosas sobre su hermano; en 1926, apoyó a Stalin asegurando que Lenin siempre le había dado plena confianza.

En mayo de 1923, las notas que componían el "testamento" de Lenin fueron comunicadas al Comité Central por Nadezhda Krupskaya; el 22 de mayo, el CC debatió la conveniencia de destituir a Stalin y comunicar el documento al Partido. Stalin creyó, o fingió creer, que su carrera había terminado y se ofreció a dimitir. Pero mientras Trotsky se abstenía de intervenir, Stalin contaba con el apoyo de Kámenev y Zinóviev; este último, en particular, declaró: "Nos alegra ver que los temores de Ilitch sobre nuestro Secretario General eran infundados". La pasividad de los demás dirigentes permitió a Stalin mantener su posición y consolidar, en los años siguientes, su dictadura personal, al tiempo que se presentaba como el discípulo, el continuador y el único exégeta autorizado de Lenin, al tiempo que eliminaba a quienes le habían apoyado. A pesar de la insistencia de Krupskaya, el CC decidió, por 30 votos contra 10, no comunicar el texto al congreso del Partido. En 1925, el testamento fue publicado fuera de la URSS por partidarios de Trotsky como Max Eastman. Las autoridades soviéticas denunciaron entonces el texto como una falsificación; el propio Trotsky tuvo que desautorizar a sus propios partidarios bajo la presión de Stalin y firmar una declaración negando la existencia del testamento. Dos años más tarde, reanudando la lucha contra Stalin, Trotsky volvió a mencionar el testamento, cuya existencia había negado, y exigió en vano que se hiciera público.

Aunque la corriente trotskista -pronto reducida a la clandestinidad o al exilio- siguió reivindicando a Lenin como su autor, fue Stalin quien se impuso en la URSS y en el seno de la Internacional Comunista como único intérprete autorizado de Lenin; fijó la doctrina comunista durante décadas, resumiendo el pensamiento y los análisis de Lenin en una serie de fórmulas repetitivas y rígidos procesos históricos. El término marxismo-leninismo se acuñó posteriormente para designar la interpretación del pensamiento de Marx y Lenin vigente en la URSS, y más tarde en los demás regímenes comunistas'.La publicación de los textos de Lenin -y en particular de sus obras completas, cuya edición oficial fue repetidamente aplazada y reelaborada- se realizó en adelante en la URSS en función de las necesidades políticas del régimen; sus escritos fueron sometidos, si era necesario, a una severa censura, esforzándose las autoridades soviéticas por presentar únicamente la versión del pensamiento de Lenin que mejor servía a sus intereses del momento. En 1938, una directiva secreta del Comité Central, hecha pública veinte años después, prohibió la publicación en la URSS de nuevas obras sobre Lenin.

Cuando Lenin murió, le extrajeron el cerebro y lo conservaron en formol. Dos años más tarde, el gobierno soviético pidió al neurocientífico Oskar Vogt que lo estudiara, con la esperanza de que su trabajo descubriera la fuente del "genio" de Lenin; en Moscú se creó *un Instituto* Especial *del Cerebro* para que Vogt pudiera continuar sus investigaciones. Vogt publicó un artículo sobre el cerebro en 1929 en el que informaba de que ciertas neuronas piramidales de la tercera capa de la corteza cerebral de Lenin eran especialmente grandes; sin embargo, las teorías de Vogt sobre los vínculos entre inteligencia y estructura cerebral han sido desacreditadas desde entonces. Posteriormente, los soviéticos dejaron de publicar información sobre el cerebro de Lenin. Los científicos tienden ahora a considerar que el cerebro de Lenin era completamente normal, diferenciándose únicamente en el tamaño del lóbulo frontal[.] .

Tras la desestalinización, Lenin siguió siendo considerado una referencia política e intelectual, contraponiéndose su figura a la de Stalin en el discurso oficial del movimiento comunista: en 1956, en su informe al XXe Congreso del PCUS, Nikita Jruschov contrapuso la "gran modestia del genio de la revolución, Vladimir Ilich Lenin" al culto a la personalidad del que se rodeaba Stalin. La URSS reconoció entonces la existencia del "testamento" de Lenin y se hicieron públicas las observaciones de éste sobre la personalidad de Stalin. La referencia a Lenin sigue siendo fundamental dentro del movimiento comunista, pero la herencia es reivindicada de forma contradictoria por campos opuestos. Jruschov presentó la desestalinización como un retorno a Lenin y a las fuentes del socialismo; pero Mao Zedong y sus partidarios, que rechazaban la desestalinización, también se basaron en múltiples referencias a los textos de Lenin en la época de la ruptura chino-soviética y luego durante la Revolución Cultural, para argumentar la necesidad de nuevas revoluciones y denunciar la política soviética.

Durante todo el periodo de la Guerra Fría, la figura de Lenin siguió siendo honrada oficialmente en la URSS y en los países del Bloque del Este; sin embargo, en la historiografía comunista sólo se permitió una versión idealizada y hagiográfica de la figura, prescindiendo de sus aspectos humanos y de la complejidad de su pensamiento; este uso de la imagen de Lenin llevó a reducirlo a lo que el politólogo Dominique Colas describe como un "ectoplasma al servicio del poder". Incluso entre algunos de los opositores al sistema soviético, Lenin sigue siendo objeto de cierto respeto. El historiador y disidente soviético Roy Medvedev publicó en los años sesenta y setenta obras especialmente críticas con el estalinismo, al tiempo que seguía presentando una figura idealizada de Lenin, a la que oponía la de Stalin.

Juicios y controversias sobre su papel histórico

El papel histórico de Lenin es objeto de un gran número de estudios, que la apertura de los archivos soviéticos ha facilitado al arrojar nueva luz sobre su acción política. [e]Aunque en general no se discute el papel fundamental de Lenin en la historia del siglo XX, otros puntos son más controvertidos; En particular, la cuestión de la continuidad entre el leninismo y el estalinismo ha sido objeto de interpretaciones contrapuestas: algunos autores sostienen que hubo una ruptura entre las épocas leninista y estalinista, mientras que otros consideran que Stalin fue un digno heredero de Lenin, que aprovechó plenamente el aparato represivo puesto en marcha por Lenin, al tiempo que elevaba las prácticas dictatoriales a un nivel superior.

Tras la desestalinización, hubo interpretaciones de que el leninismo de la era de la Nueva Política Económica era un tipo de régimen muy diferente de la dictadura de Stalin, y en la década de 1970, durante la era del eurocomunismo, varios partidos comunistas occidentales debatieron el papel de Lenin, viendo algunos al Lenin de los últimos años como un precursor del "socialismo con rostro humano" y cuestionando otros sus prácticas dictatoriales y el uso del terror. Varios partidos comunistas occidentales dejaron entonces de referirse al leninismo en sus estatutos. Al final de la Guerra Fría, la apertura de los archivos soviéticos a los investigadores permitió descubrir las directivas en las que Lenin abogaba sistemáticamente por las medidas represivas más brutales contra los opositores.

Boris Souvarine ve en Lenin "un utópico para quien el fin justifica los medios", y comenta: "Lenin cita a Marx para justificar el régimen soviético identificado con la "dictadura del Soljproletariado", mientras que Marx quería decir con esta expresión una "hegemonía política" resultante del "sufragio universal"; lo que no tiene nada en común con el monopolio de un partido, la omnipotencia de una "oligarquía" (Lenin *dixit*), un Guepeu inquisitorial y un archipiélago del Gulag." Se burla del culto a "San Lenin" y cree que "se puede distinguir un árbol por sus frutos", concluyendo: "Sería absurdo confundir a Lenin y a Stalin en una misma valoración sin ambages, del mismo modo que sería absurdo afirmar que el maestro no tuvo nada que ver con las turpitudes de su discípulo. En conciencia, no se puede escribir sobre Lenin cerrando los ojos a las consecuencias del leninismo y de su subproducto, el estalinismo; a la atroz injusticia de las represiones, las exacciones, las dragonadas, los pogromos, las hecatombes; sobre la tortura y el terror infligidos a los conejillos de indias del "experimento socialista"; sobre el envilecimiento de la clase obrera, la esclavización de la clase campesina, el atontamiento de la juventud estudiosa, la aniquilación de una intelectualidad que hacía honor a la Rusia de antaño. Lenin no quería esto. Aun así, es en gran parte responsable de ello.

El historiador Stéphane Courtois, coautor del *Livre noir du communisme*, considera que el pensamiento y la práctica política de Lenin hacen de él el verdadero inventor del totalitarismo, habiendo sido Stalin sólo su "perfecto ejecutor". Uno de los biógrafos de Lenin, el historiador y activista trotskista Jean-Jacques Marie, deploró el hecho de que tras "medio siglo de hagiografía" impuesta por el discurso oficial soviético, la figura de Lenin fuera ahora demonizada en escritos que lo presentaban como un monstruo o una especie de Anticristo. El filósofo marxista Lucien Sève afirma en su libro *Octubre 1917* que Lenin nunca teorizó sobre el terror para erigirlo en elemento central de la revolución y lo considera injustamente tratado por la "historiografía dominante". La historiadora Hélène Carrère d'Encausse, otra biógrafa, señala por el contrario que Lenin "escapó al juicio" -o al menos escapó a él durante mucho tiempo- porque se le asimiló a la encarnación del marxismo ortodoxo, y por tanto del proyecto de Marx, mientras que durante décadas la condena fue sólo para Stalin, a quien se acusó de haber corrompido la obra de Lenin. Hélène Carrère d'Encausse insiste en el carácter excepcional de Lenin, "táctico prodigioso" y "genio político", "inventor de los medios para transformar una utopía en Estado", aunque en el fondo fuera un "teórico muy mediocre"; Sin embargo, recuerda la contradicción entre "un discurso cuyo tema dominante es el bien de la humanidad y una práctica basada en la desgracia de los hombres, por la que Lenin nunca tuvo una palabra de piedad, y menos aún de remordimiento" y juzga que el éxito de la empresa revolucionaria de Lenin "no justifica ninguna de las tragedias inherentes a la empresa leninista".

Condena póstuma al final de la URSS, luego rehabilitación parcial bajo Putin

El periodo de la Perestroika en las décadas de 1980 y 1990 condujo a una reevaluación e incluso a una inversión de la imagen de Lenin en la URSS. El movimiento reformista impulsado por Mijaíl Gorbachov se presentó inicialmente como un retorno a las fuentes del pensamiento leninista, pero la reevaluación de la historia soviética y la apertura de los archivos históricos bajo la Glasnost condujeron a una relectura cada vez más crítica del papel del propio Lenin, cuya imagen se deterioró tanto a nivel ideológico como personal. El 11 de marzo de 1990, el mismo día en que se abolió el papel dirigente del PCUS, el historiador y diputado reformista Yuri Afanasyev, en un discurso retransmitido en directo por la televisión soviética, criticó a Lenin por haber "elevado la violencia, el terror de masas a principio de Estado" y "la ilegalidad a principio político de Estado". Si el inicio de la Perestroika y la Glasnost había ido acompañado de un redescubrimiento del pasado estalinista, los años 1990-1991 vieron una reconsideración, en la URSS, de la figura histórica de Lenin. El estalinismo se presentaba cada vez más como una continuación lógica del periodo leninista; con el fin de la censura en la Unión Soviética, muchos de los nuevos periódicos tendían cada vez más a presentar a Lenin como un criminal sanguinario y a denunciar la Revolución de Octubre, mientras que el pasado zarista se idealizaba a menudo. Con la caída de los regímenes comunistas en Europa, muchas estatuas de Lenin fueron derribadas como símbolo de los antiguos regímenes. Sin embargo, todavía existen varios monumentos a Lenin en Europa, especialmente en Rusia, pero también en países ex comunistas de Europa del Este.

Tras el colapso de la URSS a finales de 1991, todo el periodo comunista fue condenado en Rusia bajo la presidencia de Boris Yeltsin. En 1993, Yeltsin retiró la guardia de honor del mausoleo de Lenin. Durante un tiempo se pensó en enterrar el cuerpo y retirar el mausoleo, pero finalmente se abandonó este proyecto: el mausoleo de Lenin sigue siendo un monumento turístico muy visitado en Rusia. En enero de 2011, el partido Rusia Unida creó un sitio web en el que la gente puede votar a favor o en contra de enterrar el cuerpo de Lenin" . En 2012, se planteó en el Parlamento ruso la posibilidad de retirar todos los monumentos a Lenin, pero esta propuesta se encontró con la oposición de que en Rusia es ilegal destruir un monumento histórico.

Tras la elección de Vladimir Putin en 2000, la figura de Lenin fue rehabilitada en cierta medida en Rusia, lo que significó que se le presentara sobre todo como un gran estadista, fundador de la URSS -futura superpotencia- y, por ello mismo, artífice de la modernización de Rusia. La ideología comunista de Lenin, en cambio, tiende a oscurecerse.

Terror y crímenes masivos

Según Nicolas Werth, el uso del terror, la violencia y las medidas dictatoriales para asegurar el triunfo de la revolución, ocupa un lugar primordial en el pensamiento de Lenin. Lenin desarrolló el concepto de "terror de masas" ya en 1905, tras la represión de la primera Revolución Rusa por el régimen zarista. Este concepto se puso en práctica una vez iniciada la revolución -una revolución en la que los bolcheviques eran muy minoritarios, por cierto- mediante una "política voluntarista, teorizada y reivindicada [...] como un acto de regeneración del cuerpo social". El terror es "el instrumento de una política de higiene social destinada a eliminar de la nueva sociedad en construcción a los grupos definidos como 'enemigos'"; la "burguesía", los terratenientes y los kulaks, vistos como "campesinos explotadores", son así condenados a muerte. Estos últimos son considerados en el vocabulario leniniano como "insectos dañinos", "piojos", "alimañas", "microbios", de los que la sociedad rusa debe ser "purificada", "limpiada", "purgada". Pero según Jean-Jacques Marie, citando un discurso suyo del 9 de julio de 1919, Lenin era un marxista pragmático y habría "repetido muchas veces su voluntad de 'luchar implacablemente contra esa idea presuntuosa' según la cual 'los obreros son capaces de derrotar al capitalismo y al orden burgués sin aprender nada de los especialistas burgueses', 'sin utilizarlos, sin pasar por una larga escuela de trabajo' a su lado".

En 1919, en plena guerra civil, Vladimir Ilich Lenin creó un sistema de campos de concentración; "los campos de concentración y la pena de muerte se convirtieron a partir de entonces en componentes indispensables del sistema de terror, que, para Lenin, es inseparable de la dictadura del pueblo".

Lenin es también el principal responsable de una política de deportación de poblaciones enteras, tratadas como "enemigos del régimen soviético"; la más llamativa de ellas es la "descosificación", política destinada a exterminar a los cosacos, vinculados al régimen zarista y supuestamente "ricos", a partir de 1919. Stéphane Courtois afirma que Lenin hizo asesinar a Nicolás II y a su familia por venganza personal (su hermano fue ahorcado en 1887), sin el conocimiento de sus camaradas. El uso de la violencia de masas, de acuerdo con las concepciones leninistas, fue mucho más importante que bajo el régimen de Nicolás II: en pocas semanas, la Cheka ejecutó de dos a tres veces más personas que las que el antiguo régimen había condenado a muerte en 92 años. En los territorios de la futura Unión Soviética, los abusos contra la población civil comenzaron bajo el gobierno de Lenin, pero sólo fueron continuados, no iniciados, por su sucesor, Joseph Stalin. Del mismo modo, la propaganda de masas y el culto a la personalidad se utilizaron en la Unión Soviética para unir a la población del país a las ideas del régimen ya con Lenin, mucho antes de que Stalin tomara el poder". Estos métodos de gobierno, "puestos en práctica por Lenin y sistematizados por Stalin", precedieron a los de los nazis, e incluso pueden haberlos inspirado, sobre todo en lo que respecta al uso de los campos de concentración'. Sin embargo, Jean Ellenstein, Jean-Jacques Marie y los historiadores trotskistas consideran que esta comparación no tiene en cuenta el número de víctimas del rápido desencadenamiento del "Terror Blanco" en noviembre de 1917, que precedió de lejos al Terror Rojo del 5 de septiembre de 1918, tanto como la carta privada de Lenin exigiendo (pero sin resultado) el ahorcamiento público de cien kulaks el 11 de agosto. Esta brutal represión bolchevique nunca había sido contestada por los marxistas, pero necesitaba ser contextualizada por ellos: una guerra de clases contra los blancos, tímidamente apoyada por las fuerzas aliadas francesas, británicas, estadounidenses y japonesas, el ataque de un socialista revolucionario de izquierdas al embajador alemán, Mirbach, el 6 de julio de 1918, que casi provocó una invasión alemana de la Rusia soviética, al tiempo que alentaba el levantamiento kulak apoyado por los eseristas de izquierdas. No fue el caso de las purgas estalinistas de los años 30, que tuvieron lugar en tiempos de paz y golpearon a antiguos camaradas de Lenin y Stalin, los "viejos bolcheviques". Para justificar la elección de la guerra civil, con sus cientos de miles o incluso millones de muertos, Lenin invocaba regularmente en sus discursos los 30 millones de víctimas de las burguesías capitalista e imperialista: "10 millones de muertos y 20 millones de lisiados" durante la Gran Guerra. De este pronóstico nació la III Internacional en marzo de 1919.

El militante trotskista Daniel Bensaïd impugna el planteamiento de Nicolas Werth, escribiendo: "Según los autores del *Libro Negro*, la guerra civil fue querida por los bolcheviques, y el terror instaurado a partir del verano de 1918 sería la matriz original de todos los crímenes cometidos desde entonces en nombre del comunismo. La historia real, hecha de conflictos, luchas, incertidumbres, victorias y derrotas, es irreductible a esta oscura leyenda del autodesarrollo del concepto, donde la idea generaría el mundo.

En 2017, Lucien Sève señalaba una serie de elementos que habían permanecido inéditos a causa de la "dominante antileninista": según él, Lenin insistía regularmente en 1919 en el carácter provisional y contextual del Terror, y el 2 de febrero de 1920, ante las victorias, pedía el fin de las ejecuciones capitales. Su rechazo de los ataques individuales, que en 1903 constituía la esencia misma del bolchevismo y fue recordado en 1920 en *La maladie infantile du communisme... leftism,* es ignorado por los historiadores antileninianos. Su lectura del artículo de Nicolas Werth en el *Livre noir du communisme* (p. 91 y p. 95) le lleva a afirmar que si el Terror Rojo causó entre 10.000 y 15.000 muertos en septiembre y octubre de 1918, al año siguiente, en el segundo semestre de 1919, "los pogromos contra judíos y comunistas cometidos sólo por el ejército de Denikin y las unidades de Petliura se cobraron cerca de 150.000 víctimas". Sostiene que los campos de concentración creados en la Rusia soviética en 1918 fueron precedidos por los inventados por los británicos veinte años antes, durante la Segunda Guerra de los Boers, y que estos campos rusos no tenían, a diferencia de los futuros campos estalinistas, una función de explotación económica sino de reeducación de delincuentes y criminales. En cuanto a la familia imperial rusa, Marc Ferro cuestiona la masacre, limitando el regicidio a Nicolás II. Lenin defendió de boquilla la ejecución del zar el 8 de noviembre de 1918, que presentó como un acto solitario. Según él, Lenin siempre ocultó por razones ideológicas, que favorecían los modos de producción marxistas frente a las personas, su política de rescate de la zarina y sus cuatro hijas, a las que habría canjeado con la Alemania imperial por la liberación de dos espartaquistas alemanes, Karl Liebnecht y Leo Jogiches; éstos fueron liberados en la segunda quincena de octubre de 1918.

Dictadura y totalitarismo

Desde el principio del régimen soviético, los métodos dictatoriales empleados por Lenin fueron duramente criticados en las filas socialistas y fueron una de las principales causas de la ruptura entre el socialismo democrático y el comunismo. En 1920, durante el congreso de Tours, Léon Blum denunció la visión leninista de la dictadura del proletariado, que a sus ojos no era en realidad más que la "dictadura ejercida por un partido centralizado, donde toda la autoridad sube de piso en piso y acaba concentrándose en manos de un comité patente u oculto", es decir, la "dictadura de unos cuantos individuos". Karl Kautsky atacó las medidas dictatoriales del régimen bolchevique en el periodo de entreguerras, juzgando que conducían, al igual que el fascismo, a la opresión del proletariado: con la diferencia de que esta opresión era una intención inicial en el fascismo, mientras que en el bolchevismo era el resultado natural de los métodos empleados. Kautsky llega a considerar que "Mussolini no es más que el mono de Lenin".

Existen diversos análisis sobre el papel personal de Lenin en la evolución totalitaria del Estado soviético. El juicio de la filósofa Hannah Arendt sobre Lenin evoluciona con el tiempo: En un primer momento cuestiona que Lenin destruyera toda democracia interna en el Partido Bolchevique y considera a Stalin el verdadero culpable de la caída de Rusia en el totalitarismo; su reflexión le lleva después a considerar que Lenin, al cometer el error fundamental de preferir la herramienta de la dictadura a la de la democracia para hacer triunfar la revolución, acabó privando a los Soviets de todo poder real en favor del Partido. Sin embargo, sigue atribuyendo únicamente a Stalin la responsabilidad del carácter totalitario del régimen: para ella, las "fases totalitarias" del régimen soviético, por oposición a las "fases autoritarias", corresponden al gran terror estalinista y al periodo 1950-1953. Este análisis es rebatido por otros autores, como Leonard Schapiro, que consideran que el totalitarismo soviético comenzó ya en tiempos de Lenin.

El politólogo Dominique Colas considera que Lenin, como "inventor de la dictadura de partido único", es el "prototipo de los tiranos modernos"; en su opinión, mientras que las ideas contenidas en *¿Qué hacer?* no puede considerarse la única causa de la evolución de la revolución rusa, el "programa demiúrgico" de Lenin y la lógica leninista desempeñan, sin embargo, un papel importante en la historia de la URSS, lo que plantea la cuestión de si el partido, tal como Lenin lo concibió, no es la "matriz del totalitarismo". Considera a Lenin un "fanático" porque quiere destruir la sociedad capitalista para instaurar el equivalente del Reino de Dios en la tierra, el socialismo, cueste lo que cueste.

Nicolas Werth, historiador especializado en la URSS, juzga, en un artículo de la *Encyclopædia Universalis,* que Lenin está efectivamente en el origen del carácter totalitario del comunismo moderno. Stéphane Courtois, prefacio del *Livre noir du communisme,* también considera fundamental el papel del leninismo en el desarrollo del totalitarismo, y el filósofo e historiador Tzvetan Todorov describe a Lenin como el "fundador del primer Estado totalitario". Del mismo modo, la revista estadounidense *Time* presenta a Lenin como "el creador de la tragedia de nuestra era, el surgimiento de los Estados totalitarios".

Escritos

Lenin es autor de una obra teórica y filosófica en continuidad con la de Karl Marx, cuyas interpretaciones ortodoxas defendió frente a "revisionistas" como Eduard Bernstein.

Entre sus numerosos escritos (sus obras completas se han publicado en francés en 45 volúmenes) podemos recordar:

- *¿Qué hacer?*

- *Materialismo y empiriocriticismo*

- *El imperialismo, fase superior del capitalismo*

- *El Estado y la Revolución*

- *La enfermedad infantil del comunismo (izquierdismo)*

En la cultura

El pintor Jean-Gabriel Domergue cuenta, en el programa de televisión de la ORTF del 27 de julio de 1960, *En direct de Cannes*, que había contratado a Lenin en 1911 como "hombre de la limpieza". Claude Lelouch situó la anécdota en 1966 en el diálogo (hacia el minuto 20) de *Un homme et une femme*, donde Anne Gauthier (Anouk Aimée) le cuenta a Jean-Louis Duroc (Jean-Louis Trintignant), que la lleva en coche y no conoce la calle Lamarck: "Fue en esta calle donde Jean-Gabriel Domergue, poco antes de 1917, contrató a un criado ruso llamado Vladimir Ulyanov. Mucho tiempo después se enteró de que era Lenin. En *Stedevaart naar Paris* (2020), el escritor y periodista neerlandés Jan Brokken relata la anécdota en forma de contratación de Lenin por parte de Jean-Gabriel Domergue para entregar sus pedidos en bicicleta desde su taller de la rue Lamarck. Para Jan Brokken, es inverosímil que Lenin, que en aquella época vivía con su familia en el distrito 14e de París, cumpliera los encargos del pintor.

Otros libros de United Library

https://campsite.bio/unitedlibrary

CPSIA information can be obtained
at www.ICGtesting.com
Printed in the USA
BVHW051037210223
658919BV00015B/250

9 789493 311174